www.tredition.de

Bernhardin Mercy

Die Katze macht nicht nur MIAU

Der Hund macht nicht nur wauwau

Mentale Gespräche mit Tieren im Diesseits und im Jenseits

© 2017 Bernhardin Mercy

Verlag: tredition GmbH, Hamburg

ISBN
Paperback: 978-3-7345-9180-8
Hardcover: 978-3-7345-9181-5
e-Book: 978-3-7345-9182-2

Printed in Germany

Inhalt

Das Hohelied der Liebe (1 Korinther 13, 1–10 und 12–13)

Das Größte ist die Liebe

1   Wenn ich mit den Zungen der Menschen und der Engel rede, doch Liebe nicht habe, bin ich ein tönendes Metall oder eine klingende Schelle.

2   Und wenn ich Prophetengabe besitze und um alle Geheimnisse weiß und alle Erkenntnis, und wenn ich allen Glauben habe, dass ich Berge versetze, doch Liebe nicht habe, so bin ich nichts.

3   Und wenn ich all meine Habe austeile [zur Speise für die Armen] und wenn ich meinen Leib hingebe zum Verbrennen, doch Liebe nicht habe, nützt es mir nichts.

4   Die Liebe übt Nachsicht; in Güte handelt die Liebe. Sie eifert nicht; die Liebe macht sich nicht groß, sie bläht sich nicht auf.

5   Sie benimmt sich nicht ungehörig; sie sucht nicht das ihre; sie lässt sich nicht erbittern; sie rechnet das Böse nicht an.

6   Sie hat nicht Freude am Unrecht, freut sich jedoch an der Wahrheit.

7   Sie erträgt alles, sie glaubt alles, sie hofft alles, sie duldet alles.

8   Die Liebe hört niemals auf. Ob Prophetengaben, sie gehen zu Ende; ob Reden in Zungen, sie werden aufhören; ob Erkenntnis, sie nimmt ein Ende.

9   Denn Stückwerk ist unser Erkennen und Stückwerk unser prophetisches Reden.

10   Kommt aber die Vollendung, wird das Stückwerk abgelegt werden.

11   …

12   Jetzt schauen wir im Spiegel ein unklares Bild, dann aber von Angesicht zu Angesicht. Jetzt erkenne ich stückweise; dann aber werde ich erkennen, so wie auch ich erkannt bin.

13   Jetzt bleiben Glaube, Hoffnung, Liebe, diese drei: Am größten unter ihnen ist die Liebe.

Tiere als Schalter

Wir alle sind ein Teil des Ganzen. Wir haben allen Grund, besorgt zu sein über unsere Umwelt, über die Natur (Pflanze, Tier, Mensch, Planet). Sie – wir haben ein spirituelles Sein.

Das Tier ist der Schalter, das Vermittlungsstück zwischen Pflanze und Mensch. Dies gilt es wiederzuentdecken. Die Tierwelt umfasst die ganze Skala von pflanzennaher bis zu menschennaher Existenz, von Schimmelpilz und Bakterie über kaltblütige Tiere, also Insekt, Reptil und Fisch bis zu warmblütigen Tieren, zum Beispiel Kaninchen, Huhn, Hund, Katze, Schwein, Pferd, Rind, Tiger, Elefant usw.

Der Warmblüter, der in der Herde lebt, gehört wahrscheinlich (noch) zur Gruppenseele, während der Warmblüter, der dicht beim oder mit dem Menschen lebt, dort seine individuelle Seele entwickelt und ausprägt.

Menschen-, Tier- und Pflanzenwelt mögen (wieder) miteinander kommunizieren.

Sie mögen miteinander und mit dem Universum kommunizieren.

Die verschiedenen Daseinsformen von Tieren

Von folgenden hier aufgeführten Seinszuständen von Tieren habe ich (bisher) Kenntnis erhalten:
1.   die hier auf dieser Erde in ihrem physischen Körper Anwesenden,
2.   die nicht (mehr) mit ihrem materiellen Körper Anwesenden, die aber astral (noch) erdverhaftet sind und hier „herumgeistern",
3.   a) die Tierseelen, die im Jenseits mit ihrer eigenen Gattung zusammen sind als Gruppenseele, b) die Tierseelen, die im Jenseits mit ihrer eigenen Gattung zusammen sind, dann aber als Individuen,
4.   die verschiedenen Gattungen, die auf der anderen Seite paradiesisch miteinander leben,
5.   die Tiere, die mit einem Menschen zu Lebzeiten zusammen waren und die nun wieder mit ihm vereint sind,
6.   einzelne oder auch Gruppen von Tieren, welche dort drüben Menschenseelen heilen und beglücken,

7. Tierseelen, die sich im gleichen Bewusstsein befinden, die sich in einer Stimme vereinigen und der Welt mental Botschaften übermitteln.

Gelegentlich kommt es auch vor, dass sie sich mit den Bewusstseinen anderer Wesen zusammenschließen; dann bekommen ihre Mitteilungen universalen Charakter. Aus diesen verschiedenen Bereichen werden Sie in diesem Buch Beispiele finden.

Im Prinzip ist jedes Tier mental erreichbar, gleich ob es physisch anwesend oder abwesend ist, gleich ob es innerhalb der Gruppenseele oder als individuelle Seele existiert, gleich ob es sich in dieser uns sichtbaren oder in den unsichtbaren Welten befindet.

Die Welt, in der wir uns hier bewegen, ist nicht eine neue Welt, aber eine, in der wir Zustände erleben und Grenzüberschreitungen erfahren, die wir bisher fast „nicht unter Worte" gebracht haben. Wenn wir uns verstehbar machen wollen, wenn wir mitteilen wollen, müssen wir unsere Ausdrucksweise erweitern.

Die Tiere in den mentalen Gesprächen können das ausgezeichnet. Deshalb protokolliere ich ihre Aussagen jeweils wortgetreu, auch wenn es kein „richtiges" Deutsch ist.

zu 1:

Wenn Tiere als Haustiere nah beim Menschen oder sogar mit ihm leben, so ist das wahrscheinlich zur Vorbereitung auf ein zukünftiges Leben als Mensch. Das vereinfacht den Schritt zur Menschwerdung. Das Tier soll Liebe lernen – der Mensch auch. Wenn Tiere ihre ursprüngliche Angst verloren haben, werden sie zunehmend zärtlich. Dies ist wohl ein Grundbedürfnis beider Seiten, ein Merkmal des Verhältnisses zwischen Mensch und Tier, und ein Meilenstein auf dem spirituellen Weg.

Wenn Mensch und Tier in unglücklichen Zu- und Umständen miteinander verkehren, so kann das geändert, gebessert werden durch beidseitiges Kennenlernen und Verstehen, auch mithilfe von mentalen Gesprächen. Wenn eine vermittelnde Person eingeschaltet wird, können der Mensch und sein Tier gecoacht werden.

zu 2:

Wie umherirrende Menschenseelen so gibt es auch heimatlose Tierseelen. Eine solche kann zum „Erzählen" gebracht werden, sie kann berichten, was sie denkt, fühlt, was passiert ist. Durch das Berichten kann sie eventuelle Traumata auflösen, Zusammenhänge und Hintergründe begreifen und dann ihrer eigenen Zukunft einen Plan und eine Form geben.

Dann ist sie aus ihrem Zwischenzustand erlöst und kann sich entweder zu ihresgleichen in den Tierhimmel begeben oder wieder in ein neues Erdenleben.

Wenn Ihr Hund oder Ihre Katze plötzlich gebannt auf etwas für Sie Unsichtbares starrt, wenn sich Ihr Pferd ohne ersichtlichen Grund aufbäumt, dann haben Ihre Tiere wahrscheinlich auf ein Wesen aus der anderen Welt reagiert.

zu 3a:

Jedes Wesen macht nach dem Verlassen seines Körpers eine individuelle Reise. Es kommt nicht automatisch in einen bestimmten Zustand, in ein bestimmtes Reich hinein, sondern macht Erfahrungen, die ausschließlich mit ihm und seinem Leben zu tun haben.

Gleiche Wellen ziehen einander magnetisch an, und so werden die Tiere der gleichen Gruppe von ihresgleichen angezogen; Fische, Reptilien, Insekten befinden sich miteinander in der gleichen Sphäre. Hier finden sich in der Gruppe alle Tiere ein, die noch nicht ihre Individualität entdeckt haben oder/und die sich noch nicht genügend einfühlen können in andere Wesen. Hier erleben sie Geborgenheit unter ihresgleichen, lernen weiterhin sich zu verstehen, und falls ihr vergangenes Leben auf Erden schwierig war, erholen sie sich hiervon.

zu 3b:

Hier finden wir Hund mit Hunden, Katze mit Katzen, Tiger mit Tigern, doch sind diese Tiere sich schon ihrer selbst bewusst; sie haben spezielle Eigenschaften, sie differenzieren, haben auch schon Begriff von Zeit wie Gegenwart, Vergangenheit und begrenzt auch von Zukunft.

Sie überdenken die Erfahrungen ihres letzten Lebens; dies ist ein ausgezeichneter Raum hierfür. Hier sind alle Tiere vereint, sobald sie ein Stück „Persönlichkeit" entwickelt haben.

Es finden sich freilebende Tiere ein, nach denen auf Erden keiner gefragt hat, die kaum Beachtung oder Anerkennung erfuhren, es finden sich plötzlich gestorbene Tiere ein, die noch nicht wissen, was passiert ist, hierher kommen die geschlachteten Tiere, die noch schockiert über die Art ihres Todes sind, die eingeschläferten, die „normal" gestorbenen, solche, die bei Tierversuchen starben, und solche, die in den Klauen oder durch die Bisse anderer Tiere ihr Leben ließen. Hier sind auch die zu finden, die ein normales Leben geführt haben und deren Geist nun in den speziellen Katzen-, Pferde- oder Hundehimmel zurückgekehrt ist. Sie alle werden hier gut aufgefangen, versorgt, wenn nötig geheilt. Sie bereiten sich auf eine neue irdische Inkarnation vor.

Wir Menschen können ihnen vom Diesseits aus helfen, indem wir ihnen Gesundheit, Erholung, Ruhe wünschen. Wir können bitten, dass ihr Tod möglichst sanft und schmerzlos gewesen sein möge (dies wirkt sowohl rückwirkend als auch in die nächste Inkarnation hinein) und dass sie sich glücklich auf himmlischen Weiden, in seligen Gewässern oder strahlenden Lichträumen wiederfinden möchten.

Diese Tiere dort sagen nicht, dies ist mein Wasser, mein Revier, mein Luftreich, sie empfinden und betrachten nichts als ihren Besitz oder Eigentum. Revierverhalten, Kampfgebaren oder eine Rangeinteilung haben aufgehört.

Hier ist:

- Ich bin im Wir (aufgehoben).
- Wir sind im Ich (enthalten).
- Wir gehören zu allen und alle gehören zu uns.
- Ich/wir befinden uns in glücklichen Gewässern, lichtvollen Lüften oder auf gesunden Weiden.
- Ich bin zufrieden im Wir.

Wenn man mental ein gestorbenes Tier sucht und es hier antrifft, kann viel Gutes geschehen. Man kann seine jetzige Situation wahrnehmen, betrachten, erörtern, man kann gemeinsam zurückgehen in Erinnerungen von Leben, die noch nicht befriedet, nicht harmonisiert sind, man kann die Schaltstellen, die Kreuzpunkte erhellen, Problem- und Konfliktpunkte deutlich machen, Wiederholungen aufzeigen, damit es den roten Faden entdeckt und dadurch eventuell aus dem Wiederholungszwang aussteigen kann, denn Tier- wie Menschenseelen sind oft in destruktiven Mustern gefangen und machen sich und andere damit unglücklich. Die Tierseele kann eine Menge Druck, Stress, Drama und Trauma loswerden. Vielleicht geschieht sogar eine karmische Wende in ihrem Bewusstsein.

Dann können wir ihr empfehlen, das Glück, das Licht und die Gesundheit, die sie dort erhalten kann, in vollen Zügen in sich aufzunehmen.

Schließlich können wir uns verabschieden mit der Empfehlung, sie möge mit Bedachtsamkeit und Sorgfalt eine neue Inkarnation wählen, eine, in der sie das hier Empfangene fortsetzen und weiterentwickeln kann.

zu 4:

In einem anderen Ausschnitt aus der Welt drüben durfte ich das Tierreich ohne Angst, Krankheit und Begrenzung sehen.

Es ist bevölkert von zahmen wilden Tieren, deren Augen und Ohren sich geöffnet haben für die Erlösung. Darum verweilen sie in diesem Wunderland. Sie kommen, gehen und bewegen sich, wie sie das möchten. Es sind lauter liebenswerte Geschöpfe, die sich selber und einander schätzen. Katz spielt mit Maus, Hase mit Hund, Schäfchen mit Wolf. Hier existieren keine Fallen, keine Netze, keine Schlachthöfe, Käfige, Insektenvertilgungsmittel, künstlichen Befruchtungen, Selektionen, Züchtungen.

Es gibt Flüsse, Seen, Wälder. Lichtungen, Berge, Savannen, Wüsten – und das alles beieinander, nebeneinander, eins durchdringt das andere. Die Tiere aller Kontinente, aller Arten und Zeiten, der ganzen Evolution haben sich vereinigt.

Es gibt alle Sorten, Zweibeiner, Vierbeiner, geflügelte und beflosste Wesen. Eigentlich sind sie hauptsächlich ihrer Erscheinungsform nach (noch) Tiere. Das Wesen dieser Gemeinschaft ist Mitgefühl, Sorgfalt, Anteilnahme, Barmherzigkeit und Vergnügen, grenzenloses Vergnügen.

Nur solche Menschen dürfen gelegentlich hier Einblick nehmen, die behutsam und respektvoll sind, die niemals Tiere aufschrecken, antreiben, verfolgen oder „für sich" anfassen oder festhalten würden.

zu 5:

In den danach beschriebenen Himmelsgegenden treffen Mensch und Tier einander wieder. Dies ist nun also die Wiederbegegnungsebene/-sphäre/-region, wie wir sie nennen wollen.

Zahllose Hunde, Katzen, Pferde, Schildkröten, Häschen, Meerschweinchen usw. usw. warten hier auf das Eintreffen ihrer ehemaligen Besitzer, um ihnen hei deren Erscheinen in der anderen Welt freudig entgegenzustürmen. Vögel fliegen ihnen entgegen.

Tier und Mensch, die einander geliebt haben auf Erden, sind hier wieder vereinigt. Die Tiere hier tragen, besser gesagt sind die Aurafarbe der wahren Menschenliebe, und die Menschen tragen die Aurafarbe der echten Tierliebe. Die Farben vereinigen sich beim Wiedersehen zu einer gewaltigen Symphonie.

Falls es auf Erden zwischen Tier und Mensch (Besitzer ist ein unpassender Ausdruck ...) Unstimmigkeiten oder Irritationen gegeben hat, so ist hier ein wunderbarer Ort, um Reste davon zu bereinigen und aufzulösen. Mensch und Tier, die an diesen „Ort" bzw. in diesen Zustand gekommen sind, brauchen keine Hilfe von anderen mehr, um die Dinge zu (er)klären.

Stellen wir uns einmal vor, ein kleines Mädchen hätte vor 50 Jahren einem Schäferhund die sandige Schnauze abgeputzt, weil es dachte, das müsste für ihn unangenehm beim Fressen sein. Stellen wir uns weiterhin vor, dass der Hund daraufhin das Mädchen in die Wange biss, weil er dachte, dass es ihm das Fressen streitig machen wollte. Stellen wir uns nun auch noch vor, dass daraufhin der Onkel des Kindes den Hund erschießen ließ, weil er dachte, das Tier sei gefährlich und er sei verantwortlich für den Hundebiss ...

Diese Kette von Missverständnissen kann hier an Ort und Stelle aufgelöst werden – 60, 70 oder 90 Jahre später, wenn das Mädchen nun als alte Frau diese Ebene betritt.

Das Mädchen sagt dann zu dem Hund: „Ich hätte dich nicht stören dürfen." Der Hund sagt zu dem Mädchen: „Ich hätte dich nicht beißen dürfen." Der Onkel sagt: „Ich hätte mich erkundigen müssen, warum der Hund gebissen hat, bevor ich ihn erschießen ließ." Jeder sagt zu dem anderen: „Ich in meiner Welt erlebte das so, du erlebtest etwas völlig anderes." Alle finden nun Verständnis und Vergebung füreinander. Alle sind glücklich, dass es nie zu spät ist, einen Irrtum zu korrigieren, und „umarmen" einander „tränenüberströmt", weil nun doch noch alles gut ist.

In dieser Welt können nicht nur Miss-verständnisse aufgehoben werden durch Sich-in-den-anderen-Hineinversetzen, hier können und werden auch Miss-handlungen, Miss-stimmungen, Miss-achtungen, Miss-bildungen, Miss-billigungen, Miss-bräuche, Miss-geschicke realisiert, das heißt noch ein letztes Mal realistisch aufbereitet, um dann bei Anruf der himmlischen Heilkraft erlöst zu sein. Zum Schluss ist alles nur noch Liebe und Liebe, Freude und Freude.

Die Verständigungs- und Versöhnungszeremonien dauern so lange sie dauern, wiedervereinigte Menschen und Tiere leben hier so lange miteinander und füreinander, wie sie das tun. Wenn das erfüllt ist, können sie weiterhin ewig zusammenbleiben oder als und in anderen Erscheinungsformen weiterhin ewig zusammenbleiben.

zu 6:

Aus dieser Sphäre haben wir den Bericht von Oma Frieda geschenkt bekommen. (Der Bericht von Oma Frieda folgt weiter hinten im Buch.)

zu 7:

Mitteilungen aus vereinigten Bewusstseinen finden Sie bei „Hektor", „BKS-Rinder und MKS-Schweine" und bei „Die Zusammenkunft der Tiere".

Zunächst möchte ich auf die geschichtliche und mythologische Bedeutung von Tieren anhand einiger Beispiele eingehen, fortsetzen mit der Betrachtung von Tieren im Hier und Jetzt und ihren möglichen Problemen, und schließlich zu dem Thema „Sich selbst und Ihr Tier real und mental entdecken" kommen.

Im Weiteren folgen dann Beispiele von mentalen Gesprächen mit Tieren im Diesseits, also real existierenden Tieren, dann mit Tierseelen, die noch an diese Erde gebunden sind, ferner mit der Gruppenseele Graupapagei und Lemminge, mit solchen, die mit ihrer eigenen Gattung zusammen sind, mit denen, die in bunten Mischungen paradiesisch zusammenleben, mit Tieren, die dort „drüben" mit ihren Menschenfreunden und

-freundinnen wiedervereint sind, und schließlich mit den jenseitigen Heilern und Helfern in Tiergestalt.

Zum Schluss folgt eine Adressenliste von Organisationen, die sich den Tierschutz zur Aufgabe gemacht haben. Ohne diese Tierverteidigungsgemeinschaften wäre die Welt ganz, ganz arm. Für jedes in Not geratene, verfolgte oder misshandelte Wesen muss es einen Rettungseinsatz geben. Wenn Sie sich entschließen, dabei mitzumachen, so haben Sie damit nicht nur dieser Welt, sondern gleichzeitig auch den höheren Welten einen unschätzbaren Dienst erwiesen.

Stellen Sie sich vor, das Tier, welches Sie gerettet haben, kommt nach Ihrem Übergang, also bei Ihrem Erscheinen auf der anderen Seite auf Sie zu und begrüßt Sie überglücklich. Wie sagte die Schäferhündin Lia: „Gutes, mir angetan, wird niemals vergessen!"

Tiere und ihr Image

In Asien ist der Elefant ein religiöses Symbol. Im Hinduismus ist der weiße Elefant ein Himmelswesen, er kommt in der Schöpfungsgeschichte vor und war bei der Geburt Buddhas zugegen. Als religiöse Ikone wird er verehrt.

Auch der „normale" Elefant steht hoch im Ansehen; er ist ein Haus- und Lasttier und verrichtet viele Arbeiten, schwere Arbeiten. Die Elefantenführer bleiben im Hintergrund (im Gegensatz zu den Cowboys in Amerika).

Für sie ist es Freude und Ehre, wenn sie mit Elefanten umgehen. Auch zeigt es einen gewissen Reichtum an, denn nur wohlhabende Menschen können sich einen Elefanten leisten.

Kaiser Bumiphol von Thailand hat an seinem Palast in Bangkok elf weiße Elefanten. Man sagt, sie brächten dem Fürsten Ehre und dem Volke Glück. Durch sie sei er gesegnet und regiere nun schon mehr als 50 Jahre lang. Immer wieder wird dem Hofe (auch heute noch) ein weißer Elefant gemeldet, der so ganz weiß nicht zu sein braucht.

Helles Grau ist auch akzeptiert, allerdings muss er noch eine Menge andere Kriterien erfüllen, um von den Beamten des Hofes als weißer, also als heiliger Elefant anerkannt zu werden. Bei der Inspektion wird so ein Elefant zuerst gebadet und dann beginnt die Untersuchung. Seinem Besitzer ist natürlich viel daran gelegen, dass „sein" Elefant als heilig anerkannt wird, denn das bringt ihm Ehre; immerhin lebt sein Tier fortan am Hofe des Kaisers und es bringt ihm auch ein Honorar.

So leicht erfüllt ein Elefant nicht die Bedingungen; seine Haut muss heller sein als die eines „normalen" Elefanten, seine Zähne müssen bestimmte Eigenschaften aufweisen, sein Gaumen darf nicht geribbelt sein, er muss rosa Farbe in seinen Augen haben, rosa Geschlechtsorgane aufweisen und aus einer Haarwurzel müssen zwei Haare wachsen. Wenn all dies der Fall ist, wird dieser Elefant eingereiht in die Gruppe der Auserwählten am Hofe von Bumiphol. Bei religiösen Feiern, Festlichkeiten und Zeremonien wird er wunderbar geschmückt und ausgestattet und spielt eine Hauptrolle.

Dass in Indien die Kühe heilig sind, ist leicht nachzuvollziehen. Wer einmal die Aura einer entspannten Kuh genossen hat, vergisst dieses Erlebnis nie wieder, so wohltuende Auswirkungen hat es auf eine arme gequälte Menschenkreatur. Es wirkt heilend und damit auch heiligend.

(Die Weihnachtslegende erzählt, dass Ochs und Esel im Stall von Bethlehem bei der Geburt von Gottes Sohn zugegen waren. Später kamen dann noch die Schäfchen der Hirten hinzu und noch später die Kamele der Könige.)

In Indien werden Esel schlecht behandelt. Der Mensch hat ihnen ein schlechtes Image zugewiesen. Wer weiß, warum. Eine amerikanische Tierschutzgesellschaft hat deshalb ein Eselasyl errichtet. Die verstoßenen Tiere werden von Mitarbeitern eingesammelt und hierher gebracht. Sie bekommen zu fressen, nach etwa zwei Monaten lassen sie sich von Menschen berühren, werden zutraulich und zärtlich. Bis zu ihrem natürlichen Lebensende bleiben sie hier in guten Händen, nur fortpflanzen dürfen sie sich nicht.

Auf Bali (Indonesien) gibt es viele herumstreunende Hunde. Wenn sie verletzt sind oder Hauterkrankungen haben, bringt niemand sie zum Tierarzt, denn man glaubt, dass so ein Hund die Wiedergeburt eines schlechten Menschen, etwa eines Diebes ist, und niemand will einen Dieb als Verwandten haben. Glücklicherweise werden viele Obst- und Reisopfer auf den Straßen gebracht, von denen sich diese Hunde ernähren können.

So werden von Völkern mit Reinkarnationsglauben einige Tiere als heilig, andere als Vorfahren, die alle Hochachtung verdienen, angesehen und wieder andere mit Verachtung gestraft.

Warum nur kommt zum Beispiel die Hyäne so schlecht weg in der Menschenmeinung? Was den Respekt vor ihr anbelangt, so steht sie auf sehr niedriger Stufe. Sie wird als hässlich, ja widerlich, als feige und falsch betitelt. Dabei haben gerade Hyänen Eigenschaften, die der Mensch ansonsten als hoch entwickelt bezeichnet. Sie führen ein ausgesprochen soziales Leben und sind wunderbare Eltern. Außerdem sind sie bessere Jäger als Löwen, und diese stehen beim Menschen doch gerade wegen dieser Fähigkeit in höchstem Ansehen.

Selbst bei den australischen Aborigines werden die Hyänen verlacht, man erzählt den Kindern, dass Gott (welcher Gott?) während der Schöpfung der Hyäne ein glühendes Aststück in den After gesteckt hätte, weshalb sie nun bis heute diese Art wegzurennen hätten, nämlich mit eingezogenem Hinterteil, und diese typischen heulenden Schreie ausstoßen müsste.

Vielleicht ist es ein Grundbedürfnis des Menschen, eine andere Gattung als niedriger, als geringer anzuschauen als die eigene Art, Rasse, Sippe, Familie.

Wir beobachten in fast allen alten Kulturen, gleich ob im Osten, Westen, Norden oder Süden Sitten und Traditionen, in denen grausame, zumindest unbarmherzige Ideen vorhanden sind. Offenbar ist Grausamkeit ein Ingredienz des Lebens auf diesem Planeten.

Ich sage nicht, dass sie dazugehört oder dass es ohne sie nicht geht. Das sage ich nicht! Ich sage wohl, dass auf unserem Planeten selbst Schöpfungsgeschichten und damit Religionen mit grausamen Aspekten deklariert werden, vielleicht weil der Mensch, weil wir in unserer Schwäche und Unvollkommenheit uns dann besser darin wiederfinden können. Weil wir dann ein Alibi zu haben glauben, dass wir in höherem Auftrag handeln, wenn wir uns an Menschen, an Tieren und der übrigen Natur vergehen. Weil wir dann vorgeben können, dass „unser" Gott das so gesagt und gewollt hat. (Unser Alibi dafür, dass wir es nicht besser, nicht sozialer, nicht friedlicher hinkriegen.)

Eine alte Kultur sollte nicht vergöttert werden, nur weil sie alt ist. Keine Religion sollte vorbehaltlos verhimmelt werden. Die Verantwortung dafür, was geglaubt und gelebt wird, liegt ausschließlich beim Individuum. Es gilt, unabhängig von Kultur und Religion ein mündiger Mensch zu sein (werden).

Animismus

Animisten glauben, dass Mensch und Tier nah verwandt sind. Und nicht nur das, sondern auch, dass die Seelen der Ahnen in bestimmten Tieren leben. So sagen zum Beispiel die Buschmänner der Kalahari, ein jedes Tier sei ein Vorfahr. Die Araras, ein Indianerstamm, malen einander Jaguarornamente auf den Körper, weil sie nach ihrem Tod als Jaguar inkarnieren wollen.

Es gibt viele alte Kulturen, in denen die Grenzlinie zwischen Mensch und Tier aufgehoben wird. In Indonesien, auf Bali, Borneo und Timor zum Beispiel leben Angehörige verschiedenster Religionen (Moslems, Hindus, Christen), aber eines haben alle gemeinsam: Sie sind Animisten.

Immer wieder geben dort Frauen an, ein Krokodil geboren zu haben. Wenige Stunden oder Tage nach der Geburt eines Sohnes oder einer Tochter wird ein „Zwillingskind" geboren, dies ist ein kleines Krokodil. Es wird wie sein Geschwisterkind in die Familie aufgenommen. Man sagt, es sei eine Auszeichnung und Gotteswerk, ein solches hohes Wesen aufziehen zu dürfen. Es wird in Tücher gewickelt, schlafen gelegt, gefüttert und jeden Tag gewaschen.

Das Band zwischen den Zwillingsgeschwistern ist zärtlich und eng. Man liest einander Gedanken, man feiert gemeinsam Geburtstag, Verwandte kommen, eine Zeremonie wird abgehalten, es wird getrommelt, Musik gemacht, getanzt und gegessen. Das Krokodil bekommt eine eigene Geburtsurkunde mit Passfoto und wird im Familiengrab beerdigt. Man sagt, es könne heilen und habe große magische Kraft, mit der es Unheil fernhalten könne.

Die Hebamme eines Dorfes allerdings, die von westlichen Journalisten interviewt wurde, sagte, eine Krokodilgeburt sei unmöglich. Wahrscheinlich sei die Frau kurz nach ihrer Entbindung zum Fluss gegangen, dort sei zufällig ein Krokodilbaby zwischen ihre Beine geraten, sie habe dieses als eine neuerliche Geburt aufgefasst und das Tier als ihr zweites Baby mit nach Hause genommen.

Vom Wolf zum Hund

Am Beispiel des Wolfes möchte ich den Weg vom wilden Tier zum Haustier aufzeigen.

Vor etwa 12.000 Jahren wurde der Wolf der Freund des Menschen. Damit wurde er zum Hund. Ein verlassenes oder krankes Wolfsjunges wurde in der Wildnis aufgelesen und ins Dorf mitgenommen. Mit seiner Hilflosigkeit, seinen lieben Augen und seiner Putzigkeit sprach es den Menschen an. Junge Tiere sind für gewöhnlich spielerisch und stürzen sich neugierig auf die Dinge, die sie noch nicht kennen.

Der kleine Wolf lernte über Kontakt und Interaktionen und nahm bald einen Platz in der Hierarchie der Gemeinschaft ein. Er wurde anhänglich und immer freundlicher. Schnell übernahm er soziale Aufgaben, er wurde der Spielgefährte der Kinder, er gab Alarm, wenn sich Menschen, die anders rochen als seine Menschenfamilie, dem Dorfe näherten. In der Nacht warnte er somit vor Eindringlingen und Feinden.

Sein Alarmsystem war hundertmal perfekter als das des Menschen. Die Menschen konnten sich sorgloser schlafen legen. Mütter konnten ihre kleinen Kinder in der Obhut ihres Beschützers lassen. Er begleitete und schützte auch die Schafherde – soweit vorhanden. Auch hielt er das Dorf frei von Abfall, ganz einfach indem er ihn auffraß.

Die Wölfe veränderten, besser gesagt entwickelten sich durch das Zusammenleben mit den Menschen mental, emotional und mit Sicherheit auch biochemisch. Im Dorf aufgewachsene Wolfskinder paarten sich dann später miteinander; dadurch wurden bestimmte Eigenschaften verstärkt. Somit war der Krieg zwischen Mensch und Wolf beendet, ein Teil der Wölfe wechselte von der Wolfs- zur Menschenfamilie über.

Was der Mensch dann später mit „Freund Wolf" getan hat, ist ein anderes Kapitel.(Inzwischen gibt es rund 400 gezüchtete Hundearten). Gerade der Wolf/Hund ist eine Projektionsfigur, der Mensch legt seine eigenen unbewussten Impulse in ihn hinein.

Er ist ein mystisches Tier, ein Symbol für Magie und Weisheit in aufbauender, aber auch zerstörerischer Erscheinungsform: Als Wotan spielt er eine Hauptrolle in der germanischen Mythologie, als Werwolf vollzieht er bei Vollmond und dem 12-Uhr-Glockenschlag eine Transformation: Er verwandelt sich in eine arme Seele, die dann mit reißenden Zähnen ihr gefährliches Unwesen treibt; im deutschen Märchen, beispielsweise in „Rotkäppchen", hat er einen schlechten Ruf; die Sage erzählt, dass eine Wolfsmutter die Zwillinge Romulus und Remus säugte, durch sie wurde dann Rom gegründet.

So gibt es unzählige Mythen und Sagen, die sich um den Wolf/Hund ranken, unzählige Hundegeschichten; er als Geselle des Einsiedlers in der eisigen Kälte von Nordrussland, er als Bernhardinerhund, eingesetzt zur Bergung der von Lawinen Verschütteten, er als Blindenhund, als Freund und Beschützer unzähliger Menschen und Tiere, aber auch als Killerhund. Und nun noch er, nicht mehr zu erkennen als vom Wolf abstammend, als Pudel oder Chow-Chow.

Eine lang Reise, eine Odyssee in der Tierheitsgeschichte. Eine Forscherin in der UdSSR hat den Vorgang des Überwechselns aus der Tier- in die Menschenfamilie bei Füchsen nachgeahmt. In ihrer Forschungsanstalt hat sie 40 Jahre lang immer diejenigen Füchse sich paaren lassen, die nicht sehr ängstlich und darum wenig bissig waren. Nach vier Generationen war die Angst vor dem Menschen weg, nach fünf waren die Aggressionen verschwunden bzw. sublimiert (das hieße in diesem Falle aus Liebe und Zuneigung zum Menschen aufgegeben), und nach zehn Generationen waren die Füchse so anhänglich wie vergleichbar ein Haushund.

Männchen – Weibchen

Durchweg ist das männliche Tier aggressiver (besser gesagt aktiver, denn das Wort „aggressiv" ist eine Bewertung durch den Menschen) als das Weibchen. Es musste die Art erhalten, es musste möglichst viele Weibchen besamen, jagen, Beute machen, sein Terrain verteidigen usw. Das Tierweibchen war dazu bestimmt, die Brut aufzuziehen, zu behüten und zu beschützen.

Bezogen auf den Urmenschen galt dieselbe Rollenverteilung. Der Mann sorgte für die Fortpflanzung, um sich dann auf Jagd zu begeben bzw. in Kriege zu stürzen, während Mutter bangend mit den Kindern zu Hause blieb, das Feuer hütete und die Meinen aufzog. Sie wartete, bis Manni, also Pappi, wieder nach Hause kam. Manches Mal wurde sie selber mit ihren Kindern von Feindesseite (von der anderen Art also) von ihrem Zuhause vertrieben oder gar umgebracht. In den vergangenen Jahrhunderten nannte man das Krieg.

Der Mann war eher darauf angelegt, Taten in der Außenwelt auszuführen, während die Frau sich eher anpassen, sich biegen und beugen musste, um zu überleben.

Tatsächlich scheint das bis heute im Stammhirn verankert zu sein. Oder ist es genetisch bedingt, dass der Mann eher die Täterrolle, die Frau eher die Opferrolle „ausübt"?

85 Prozent der vor Gericht Verurteilten sind Männer; 70 Prozent der Frauen meinen von sich, dass sie ein Opferleben führen. Zurzeit holen die Frauen bei Gewaltdelikten jedoch mächtig auf. Mit der Emanzipation verändern sich die Positionen deutlich. Es sind gewaltige (auch gewalttätige bzw. gewaltsame) Verschiebungen zwischen den Geschlechtern im Gange. Wohin das führt, ist noch nicht abzusehen.

Was ist der übergeordnete Sinn dahinter?

Unser Planet ist ein Ort der Gegensätze, der Unterschiede: kalt – heiß, hell – dunkel, hart – weich, um nur einige zu nennen. Was ist unsere Aufgabe? Unsere Aufgabe ist es, Unterschiede zu begreifen; die Gegensätze mögen einander begreifen, um zu Kompromissen, um zur Harmonie zu kommen.

Passiv und aktiv, Täter und Opfer sind zwar Pole, doch haben sie ursächlich miteinander zu tun. Nach dem Resonanzgesetz ziehen sie einander an wie Magnete. Bei Menschen wie auch bei Tieren finden wir Täter und Opfer, aber auch ganze Täter- und Opferleben, und das so lange, bis „man" einander begreift, einander respektiert und anerkennt. Dann ist das Karma ausgeglichen.

Auch Tiere sind Teil des Ganzen. Auch sie tragen den Gottesfunken in sich und sind ebenso ein Teil im Heilsplan Gottes und zurück auf dem Weg in die Einheit. Das höhere Selbst begleitet auch sie durch alle Inkarnationen, betreut und belehrt sie über die Rollen, bis es nicht mehr nötig ist, die eine oder die andere Rolle einzunehmen.

Mutter-, Vaterschaft – Sterilisation

Tiere sind ihrem Sexualtrieb unterworfen. Durch ihren Hormonzyklus unterliegen sie ihren sexuellen Bedürfnissen.

Der Mensch kann die seinen für gewöhnlich kanalisieren, ein Tier kann das nicht. Darum kann es eine Erleichterung für ein Tier sein, wenn es davon befreit wird, und, was das betrifft, ausgeglichener mit Mensch und Mittier leben kann. Es kann auch sein, dass Tierfrauen sich nicht reif genug für eine Mutterschaft fühlen. Eine Sterilisation oder Kastration sollte daher vorab mit dem Tier besprochen und die Gründe dafür dargelegt werden. Das Tier sollte um seine Einstellung dazu befragt werden, und erst bei gemeinsamer Übereinkunft soll man die Operation durchführen lassen.

Nicht hauptsächlich der medizinische Eingriff als solcher wird vom Tier als traumatisch erlebt, sondern wenn er ohne sein Wissen und ohne seine Zustimmung durchgeführt wird. Vergegenwärtigen wir uns einmal, mit welchem Protest wir auf eine Zwangssterilisation reagieren würden!

Menschenscheu

Wenn Sie mit einem Tier zu tun bekommen, das (noch) nicht an Menschen gewöhnt ist, so machen Sie sich zunächst einmal folgende Dinge klar:

Ein Tier reagiert auf jeden starken und unerklärlichen Reiz entweder durch Flüchten (lebensrettend) oder Angreifen (lebensrettend). Jeder Geruch, jedes Geräusch, jede Bewegung eines Menschen kann als Lebensbedrohung interpretiert werden. Versuchen Sie deshalb für eine Weile, meditativ die Welt mit den Sinnesorganen und den Gefühlen dieses Tieres wahrzunehmen. Dann sind Sie ein gutes Stück auf dem richtigen Weg.

Seien Sie nicht gekränkt, wenn das Tier ihre Annäherungsversuche ignoriert. Seien Sie nicht ärgerlich, wenn es diese Annäherungsversuche ablehnt. Das bedeutet nicht, dass es Sie ablehnt. Konfrontieren Sie es nicht mit Dingen, die es aus seiner bisherigen Erfahrung nicht kennt, die es nicht einordnen kann.

Wenn Sie zusammen sind, bewegen Sie sich vorsichtig. Beweisen Sie, dass Sie ihm nicht schaden werden, dass Sie im Gegenteil nichts tun, was es nicht versteht oder nicht will. Erklären Sie Ihre Haltung und Handlungsweise gleichzeitig verbal und mental.

Falls das Tier auf Sie zukommt, bleiben Sie abwartend, sodass es sich nach dem Vertrauensversuch sofort wieder zurückziehen kann. Wenn sich das Tier aggressiv zeigt, sorgen Sie für die nötige Sicherheit in der Wohnung, im Stall oder im Gehege.

Sorgen Sie dafür, dass es Sie, sich, andere Menschen und andere Tiere nicht verletzt. Geben Sie ihm genug Freiraum, innerlich und äußerlich, und versichern Sie ihm auch weiterhin seine Sympathie.

Der Neue – die Neue

Wenn Sie ein neues Tier ins Haus oder auf den Hof holen wollen, so erzählen Sie den Stammtieren zunächst von Ihren Plänen. Sagen Sie ihnen, dass sie am längsten da sind und dass Sie ihnen am nächsten stehen. Sagen

Sie, dass Sie sie weiterhin genauso lieben wie vorher. Niemand soll ersetzt oder ausgebootet werden.

Erklären Sie auch, warum Sie im jetzigen Moment noch ein Tier dazuholen und bitten Sie die Erstlinge, dem oder der Neuen zu helfen, ein Teil der Gemeinschaft zu werden.

Erklären Sie dem neuen Tier, was es zu erwarten hat und was Sie von ihm erwarten. Schaffen Sie Verständnis für die Stammgruppe. Bitten Sie es darum, dass es sich leicht integrieren möge.

Nicht immer kann eine freundschaftliche Beziehung zwischen allen Tieren hergestellt werden, aber diese Einführungsgespräche werden vieles erleichtern.

Es ist wie in einer Familie: Weise Eltern bereiten die Ankunft eines neuen Familienmitgliedes auch gut vor. Meistens ist das Ergebnis dann Kooperation.

Tierphobien – Tierallergien – sexuelle Varianten

Seitdem der Mensch „entstanden" ist, hat er mit Sicherheit unendlich viele Begegnungen und Konfrontationen mit Tieren gehabt. All diese Erinnerungen sind in seinem Unterbewusstsein gespeichert.

Tierphobien und -allergien stammen meines Erachtens aus früheren Auseinandersetzungen zwischen Mensch und Tier, die nicht gut abgelaufen sind. Die Zellen haben die Ereignisse gespeichert, und der Körper reagiert entsprechend darauf auf biochemischem Wege. Der Patient reagiert auch dann, wenn er nicht „weiß", welche Allergene der Arzt zum Beispiel auf seinem Rücken anbringt, um die Reaktionen zu testen. Das Unterbewusstsein weiß alles.

Von Schlangen gewürgt, von Tigern und Panthern zerfetzt, von Spinnen gelähmt und vergiftet – wenn das keine Spuren hinterlässt bei Annelies und Franz im dritten Jahrtausend unserer Zeitrechnung.

Es hat Fälle gegeben, da haben sich Tierallergie oder Tierphobie aufgelöst, nachdem das zugrundeliegende Ereignis wiedererinnert und therapeutisch aufgelöst wurde.

Nicht nur Tierallergien und -phobien sind aus der Reinkarnationstheorie heraus erklärbar, sondern auch andere Vor- und Misslieben. Könnten nicht auch Sodomie und entsprechende Wünsche mit früheren Inkarnationen als Tier zu tun haben?

Wenn jemand sexuelle Lust daraus gewinnt, beim „Ponyspiel" am Pferdehalfter herumgeführt zu werden oder gerne jemand anderen auf seinem Rücken reiten lässt, wenn zwei Personen „Herrchen" und „Frauchen" spielen, dann aber als „Herr" und „Herrin", wenn er/sie sich ein Hundehalsband anlegt, auf Befehle wartet und unter dem Tisch kauert, ohne Gabel oder Löffel aus dem Hundenapf „isst", könnte es sich hierbei nicht um Erinnerungen aus früheren Existenzen handeln?

Eine ganze Sexindustrie bietet an, was wir ansonsten nur aus dem Tiergeschäft kennen: Halsbänder mit und ohne Stacheln, Halfter, Peitschen, Fesseln, Maulkörbe.

Das muss doch eine Ursache haben. Wie sagt der Kölner: „Nix kütt von nix."

Trophäen – Stärkungsmittel

Trophäen sind tote Tiere oder Teile davon, die der Mensch von der Jagd oder von Expeditionen mitbringt. Die Trophäe wird haltbar gemacht, sodass sie nicht verschimmeln oder verfaulen kann. Sie wird an einem Ort platziert, wo andere Menschen sie sehen. Die Person, die ihre Trophäe macht und sie ausstellt, will damit ihre Geschicklichkeit als Jäger zeigen, ihre Überlegenheit über jedes noch so starke und gefährliche Tier. Hirschgeweihe, Wolfsfelle, Elefantenzähne und Haigebisse sind nur einige Beispiele.

In allen uns bekannten Kulturen versuchten und versuchen Menschen, sich Kräfte, Fähigkeiten und Eigenschaften anzueignen, die bestimmte Tiere haben bzw. die ihnen zugeschrieben werden.

Aus/von Tieren werden Teile genommen, die dem Menschen zu verschiedenen Zwecken dienen sollen. Er will etwas gewinnen, was er nicht hat oder was ihm abhanden gekommen ist: Kraft, Potenz, Fruchtbarkeit, Gesundheit, Macht, Schönheit, Schnelligkeit, Zaubermacht, usw.

Innere Organe von Tieren werden getrocknet und pulverisiert, um Kraft daraus zu gewinnen. Knochen, Zähne und Hörner werden gemahlen und als Potenzmittel an den Mann gebracht. Aus bestimmten Körperteilen von Tieren und Blättern wird ein Sud gekocht, der Frauen zur Fruchtbarkeit verhelfen soll, Drüsensekrete werden als Parfum verkauft, Tierembryonen geopfert, um die Götter milde zu stimmen, lange Haare zu Bündeln gebunden und als Zauberfetische benutzt.

Wenn die menschliche Rasse sich wertig und nicht (mehr) minderwertig fühlt, werden diese Trophäen überflüssig.

Ein schmerzhaftes Kapitel

Ein im wahrsten Sinne des Wortes schmerzhaftes Kapitel sind Tierversuche. Es wird behauptet, dass sie notwendig sind für wissenschaftliche Forschung, Medizin und Kosmetik. Es ist unmöglich, dass eine wissenschaftliche Erkenntnis, die durch Leid und Tod von Tieren gewonnen wurde, der Menschheit zum Segen gereichen kann.

Es ist undenkbar, dass ein Medikament oder ein Kosmetikprodukt, das über Tierfolter entwickelt wurde, dem Menschen zu seiner eigentlichen, seiner Seelengesundheit und -schönheit verhelfen kann.

Gesundung ist ein spirituelles Geschehen. Wenn Krankheit als Unheil angesehen wird, das auf Teu... komm raus bekämpft werden muss, dann ist das Gehen über (Tier-)Leichen nicht „schlimm", sondern ein Mittel, das Ziel zu erreichen ...

Wenn wir uns jedoch fragen: Aufgrund welchen unterbewussten Leides bin ich (nun auch körperlich) erkrankt, was sagen mir die Symptome, welche Erfahrungen mache, welche Einsichten bekomme ich durch meine Krankheit, was ist die wahre, die tiefe Ursache, was habe ich übersehen, das sich nun bei mir meldet, sind wir auf dem richtigen Weg, denn Krankheit und Gesundheit sind geistig-seelische Ereignisse, die sich im Körper abspielen.

Wenn wir, unterstützt von Ärzten und Medikamenten, den inneren Weg gehen, wenn wir Genesung für Körper und Seele suchen, dann werden wir eine (Schein-)Heilung auf Kosten anderer Lebewesen ablehnen.

... armer kleiner Affe,
wie kann ich dir noch in die Augen sehen
wenn ich die Folterwunden betrachte,
die wir dir zugefügt haben
im Namen des Fortschritts und der Medizin ...

Was du nicht willst, das man dir tu

Eine der Taten in meinem Leben, für die ich mich am meisten geschämt habe, ist das Ausreißen von Fliegenbeinen.

Psychologen sagen, dass dies eine fast normale Handlung von Kindern in der Vorpubertät ist, dass es von selber vorübergeht, dass das Kind neugierig alles entdecken möchte und/oder sich gerade in einer sadistischen Phase befinde. Mag ja alles stimmen, aber was steckt dahinter?

Jahrzehntelang hatte ich die Erinnerung an meine schändliche Tat verdrängt. 30 Jahre später erinnerte ich mich während einer Reinkarnationssitzung daran: Ich lag als Frau im Mittelalter ausgestreckt auf einer Folterbank. Es waren Winden an meinen Fußgelenken angebracht. Die Winden wurden angezogen und die Folge war, dass mein rechtes Bein aus dem Hüftgelenk sprang.

Wahrscheinlich hatte der Folterer seinerseits dasselbe in einem seiner früheren Leben durchgemacht, sodass er nun unbewusst weitergab, was er selber erlitten hatte, was ihm selber zugefügt worden war. Er fügte dasselbe Leid, den gleichen Schmerz zu, in der irrealen Hoffnung, sich dadurch von unterbewusster Qual, Angst, Schmerz und Wut zu befreien.

Doch blinde Weitergabe setzt nur fort, heilt und erlöst nicht. Das Schreckliche, das ihm angetan worden war, gab er weiter an mich und ich an die Fliege.

Damals den Knochen aus der Hüftpfanne gerissen, würde ich Hunderte von Jahren später diesen Vorgang, dieses Geschehen nachahmen, da es noch stets in mir gespeichert und unaufgelöst war.

Tier- wie auch Menschenquäler leiden. Sie fügen der Kreatur (ihr eigenes) Leiden zu. Das ist Gesetz. Wir geben weiter, was wir erfuhren, und das so lange, bis wir die Zusammenhänge begreifen. Dann erst setzt der freie Wille ein.

Will ich damit sagen, dass die Menschen, die ehemals gejagt, in Käfige und Boxen eingesperrt waren, misshandelt und verstümmelt worden sind, dies nun ihrerseits Tieren (oder anderen Menschen) zufügen? Ja, das will ich damit sagen.

Alle auf dieser Erde bestehende Grausamkeit hat Ursachen, hat Gründe. Die Formel ist simpel: Was du erlebt hast, das fügst du zu (falls du nicht bewusst geworden bist und dich anders entscheidest).

Erinnern Schlachthäuser nicht an Schlachtfelder, Tierzuchtfarmen nicht an Konzentrationslager, Tierversuchsanstalten nicht an eben jene Lager oder „Krankenhäuser", in denen in bestimmten Abteilungen Versuche im Dienste der „Wissenschaft und Forschung" gemacht wurden?

Ein Tierquäler ist selber ein ehemals Gequälter. Genau wie sein Opfer, das Tier, braucht er Hilfe, Einsichtshilfe. Diese Theorie, dass Quälen und Gequältwerden aus früheren Inkarnationen stammt und wohl schlecht, aber nicht per se Schlechtigkeit ist, kann vieles erleichtern. Dieses für möglich zu halten, es zu erwägen, kann unglaublich entlasten.

Eine im wahrsten Sinne des Wortes neue Welt könnte sich für jemanden auftun, der sich wegen Tierquälerei so schuldig, so mies, so unwert fühlt, wenn er/sie behutsam an dieses Gedankengut herangeführt wird. Dieses Heranführen muss jeweils angepasst sein an den Bewusstseinsstand der Person. Es sollen und dürfen auf keinen Fall neue Schuldgefühle entstehen. Das Wissen um Ursache und Wirkung darf nicht erneut belasten, sondern muss entlasten.

Ich schreibe hier an dieser Stelle bewusst nicht allgemein über Jan und alle Mann, sondern über mich. Mit meinem Bekenntnis möchte ich mich stellen und eventuell auch anderen Mut machen für ihre eigene Spurensuche.

Trotz dieser Erklärung ergreift mich auch jetzt noch eine Restscham, doch es tut gut, zu bekennen, zu benennen, zu bedauern (bereuen). Und zu beschließen: „So was" nicht mehr!

Ich kann mich auch erinnern, dass ich in meiner Kindheit, wenn es freitags Hering gab, diese immer freiwillig entgräten und saubermachen wollte. Ich kann mich erinnern, mit welcher inneren Befriedigung ich den

Fischen die Köpfe abschnitt. Es war eine für mich unerklärliche Genugtuung.

Sollte ich so weit gehen können in der Annahme, dass dies der Versuch einer Verarbeitung war, einer Erinnerung, die mit Henker und Enthauptung zu tun hatte? War ich ein Kind, das gefahrlos das Trauma des Geköpftwerdens nachahmen und überwinden wollte, während es gleichzeitig das Trauma des Köpfens nachahmte? Henker und Opfer sein im erlaubten Bereich, nämlich beim Saubermachen von Heringen?

Heute kann ich auch einordnen, wieso ich einen Wellensittich in einen relativ kleinen Käfig sperrte. Auch das kann ich interpretieren als Inkarnationserfahrung: einsam, allein in einem Käfigverlies oder Verschlag eingesperrt sein ... Die Erinnerungskette wäre damit geschlossen.

Täter-Opfer-Rolle, offenbar lassen wir Menschen an hilflosen Tieren und auch aneinander aus, was wir selber ehemals schmerzlich erlebten. Täter und Opferrolle, eine dritte Rolle ist noch nicht berücksichtigt, die des Retters. Seit unsere Welt in dieser Form besteht, gibt es auch den Retter. Er hat immer versucht, Leid zu mildern oder zu verhindern. Mit mehr oder weniger Erfolg. Ob mit oder ohne Erfolg, die Welt kann nicht auf ihn verzichten, er gehört zum Gefüge, zur Dreiergruppe Täter – Opfer – Retter.

Ein Täter, der das nicht mehr sein mag, kann zur Retterrolle überwechseln. Als solcher rettet er die Leute, die er eventuell vorher verfolgt hat. Ein Retter, dem das Retten nicht gelingt, kann selber zum Opfer werden oder vor lauter Frust zum Täter. Das Opfer kann zum Täter werden, wenn es „die Schnauze echt voll" hat und nun auch mal zulangen will oder zum Retter, wenn es sich selber helfen will.

Wir sehen also, der bloße Rollentausch bringt noch keine Befreiung. Befreiung bringt das Sich-bewusst-werden, dass wir alle drei Rollen in uns tragen.

Die Erlösung vom Rollenwechsel kann stattfinden, sobald wir genügend Selbst-Liebe entwickelt haben, dass wir alle Aspekte von uns akzeptieren.

Wenn wir das sogenannte Gute und das sogenannte Böse verständnisvoll integrieren, dann sind wir erlöst vom Fortsetzungs- und Wiederholungszwang, dann sind wir unser eigener Täter, unser eigenes Opfer und unser eigener Retter gewesen.

Wer darf – wer muss töten?

Auf unserem Planeten waren Ärzte (besonders Chirurgen), Priester, Soldaten und Schlachter die einzigen, die mit Messern oder/und anderen Instrumenten (Werkzeugen) in den Körper von anderen Warmblütern eindringen durften.

Der Arzt durfte den Patienten nicht zu Tode bringen, der Priester dagegen musste das Menschenopfer vollziehen, für den Soldaten war das Töten Vaterlandspflicht, beim Schlachter war/ist es sein Beruf, dem Tier das Leben zu nehmen.

In Ländern, in denen die Todesstrafe noch praktiziert wird, übt der Hinrichtungsbeamte (früher Henker genannt) sein Amt aus.

Bald kann es in Holland zur allgemeinen Praxis werden, dass ein Arzt einen Patienten zu Tode bringen muss, nur kann man diesen dann eigentlich nicht mehr Patient nennen. Das am Ostersamstag 2001 in den Niederlanden verabschiedete Gesetz sieht Sterbehilfe vor, das bedeutet, dass auch ein Arzt, der prinzipiell dagegen ist, dazu aufgrund des Euthanasiegesetzes gezwungen werden kann.

Dann könnte es buchstäblich so sein, dass ein Mensch von seiner letzten Physiotherapiebehandlung, von seiner letzten Gedächtnisschulung bei seiner Beschäftigungstherapeutin aus in sein Sterbezimmer geführt wird. Wenn befunden wird, dass es „sich für ihn nicht mehr lohnt" oder „dass er sich nicht mehr lohnt", kann seinem Leben ein Ende gemacht werden.

Seit das Euthanasiegesetz beschlossen worden ist, hat die Anfrage für die Credo Card stark zugenommen. Die Credo Card hat die Form einer Kreditkarte, und der Besitzer gibt damit kund, dass er nicht damit einverstanden ist, dass an ihm Euthanasie ausgeübt wird.

Eine katholische Zeitung brachte diese Karte 1992 heraus, etwa 7.500 Katholiken tragen sie inzwischen bei sich. In den vergangenen 14 Tagen kamen Hunderte von neuen Anfragen dazu, auch von beunruhigten Nicht-Katholiken.

Im holländischen Fernsehen sah ich kürzlich eine Dokumentarsendung über dieses Thema. Ich sah, dass Familienangehörige die alte Mutter dahingehend berieten, sich vom Arzt doch das „Spritzchen" geben zu lassen, weil das für sie (die Mutter) doch das Beste wäre. Fragt sich, ob und wann Angst vor Erbminderung im Spiel ist, wenn Mutter ihr Besitztum für Pflege ausgeben muss.

Eine andere Szene zeigte eine demente Ehefrau, die vor Jahren ihre Unterschrift gegeben hatte, dass sie im Falle einer Demenz „euthanasiert" werden wollte. Ihr Mann, der Hausarzt und sie saßen am Küchentisch, als das alles entscheidende Gespräch stattfinden sollte. Der Ehemann streichelte zärtlich ihren Arm, der Arzt sah ihr freundlich in die Augen und begann: „Frau Sowieso, wenn ich Ihnen dann eine Spritze gebe, dann werden Sie nicht mehr wach." Entsetzt starrte die Frau ihn an und sagte empört: „Herr Doktor, wollen Sie damit sagen, dass Sie mich tot machen? Das will ich nicht!"

Tja, da haben wir uns in etwas hineinmanövriert, woraus es keinen einfachen Ausweg mehr gibt – wenn erst die Gesetze festschreiben, was vorher illegal oder nur geheime Praxis war. Es ist in Holland nicht unüblich, dass, wenn ein älterer und zudem kranker Mensch im Krankenhaus liegt, die Angehörigen von dort einen Anruf bekommen, ob sie die Person noch einmal besuchen wollen. Jedermann weiß, was hinter diesem Anruf steht. (Es ist buchstäblich gemeint „noch ein Mal").

Wenn die Verwandten zustimmen, können sie damit rechnen, dass am Morgen nach ihrem Besuch ein Anruf aus dem Krankenhaus kommt, dass die Person in der Nacht verstorben ist.

Neben der Credo Card gibt es noch die Anti-Donor-Card, die besagt, dass man keine Organe spenden will.

Priester in früheren Kulturen brachten Menschen als Opfer für die Götter dar. Sie sollten damit günstig gestimmt werden. Noch heute werden Menschenopfer in einigen Gegenden in Südamerika gebracht, dann aber nicht freiwillig. Beim Bau eines Wolkenkratzers oder einer Brücke etwa werden nachts ein, zwei oder drei Betrunkene aufgelesen. Sie werden in die Grundmauern oder einen Schacht oder Pfeiler einbetoniert.

Rituelle Menschenopfer gibt es auch in den Bergen. Wenn ein Mensch auf eine bestimmte Art und Weise getötet wird, lässt das auf eine Menschenopferung schließen.

Im erweiterten Sinne sind alle in Kriegen getöteten Menschen Menschenopfer. Sie wurden/werden geopfert für den Frieden – aber ist jemals Frieden durch Krieg entstanden?

Die Menschheit im Ganzen ist nicht sichtbar friedsamer geworden. Menschen, Tiere, Überzeugungen werden geopfert für jeweilige Interessen. Meist wird gesagt, sie dienten einem heiligen Zweck, doch wer oder was bestimmt die Heiligkeit eines Zweckes?

So etwas Ausgeklügeltes und Organisiertes wie einen Menschenkrieg führen Tiere nicht. Sie töten aus Hunger, aus Wut vielleicht, aus einer Situation heraus, aber nicht aus Hass.

Sie versammeln keine Waffenarsenale, um damit bei einer feindlichen Auseinandersetzung aufzuwarten. Wann können wir auf Menschen- und auf Tieropfer verzichten? Was muss geschehen, damit das möglich wird?

Bestattungen

Tiere nehmen ihren Tod als selbstverständlich hin. Sie machen sich auch keine Sorgen über ihre Bestattung, über ihre Überreste. Sie sterben einfach und verwesen. Bei Menschen ist das anders. Bei ihnen gibt es unglaublich viele Bestattungsformen und -rituale. Sie sind offensichtlich sehr beschäftigt mit den Gedanken, was nach ihrem Ableben mit ihrer körperlichen Hülle geschieht.

Jede Kultur hat ihre eigenen Abschiedsrituale. Die einen übergeben den Körper dem Feuer, um dadurch der Seele den Flug ins Jenseits zu ermöglichen, andere übergeben ihn der Erde, wo er ruhen möge. Verbrennen ist in diesem Jahrhundert auch im Westen häufig, weniger aus religiösen Motiven; eher, weil der Boden teuer ist und jahrzehntelange Grabpflege nicht immer gewährleistet werden kann.

Nun wird Asche mit Raketen ins Weltall geschickt, die nach sieben Jahren Erdumkreisungen verdampfen.

Die Ägypter glaubten, ohne den dazugehörigen Körper gäbe es kein ewiges Leben, darum wurde er einbalsamiert. Es gab billige Einbalsamierungen für die arme Bevölkerung und aufwendige für die Pharaonen. Auch Tiere wurden mumifiziert, um sie in der anderen Welt bei sich zu haben.

In den Anden gelten Berge als heilig. Die Berggipfel schienen der beste Ort für Opferungen zu sein, und das beste Dank- oder Bittopfer war ein Mensch.

1995 erklomm eine Bergsteigerexpedition in Peru den heiligen Berg Ampato. Man wollte im ewigen Schnee Fotos machen. Ein Expeditionsmitglied sah ein Büschel Federn aus dem Schnee ragen, bei näherem Untersuchen entdeckte man die vereiste Leiche einer jungen Frau, die hier vor etwa 500 Jahren geopfert worden war. Nach der Opferung war der Vulkan ausgebrochen, hatte ihren Körper in Asche eingehüllt, dann kam die Kälte, das ewige Eis. In diesem blieb ihr Körper erhalten. Sie war von Priestern hierher geleitet worden. Ihre Opferung galt als Ehre, sie opferte ihr Leben – dafür wurde ihr das ewige Paradies in Aussicht gestellt.

Tiere töten aus Hunger oder aus dem Trieb heraus, aber sie opfern nicht rituell.

Die Suche nach dem ewigen Leben dokumentiert sich in den Bemühungen, den Körper in Stickstoff zu halten und ihn später mit geeigneten wissenschaftlichen Methoden wieder zum Leben zu erwecken.

Ein Tier würde so etwas komisch finden. Weder konservieren noch beerdigen sie. Wohl trauern besonders Tiermütter um ihre verstorbenen Kleinen. Herzzerreißende Szenen spielen sich ab, wenn sie ihre Kinder zurücklassen und weiterziehen müssen. Bei den Elefanten wurden Trauerzeremonien beobachtet, die Leiche wurde auch mit Sträuchern bedeckt. Jahre später, als die Herde unterwegs war, erkannte eine Elefantenkuh die verblichenen Knochen ihres Kindes; sie trompetete und wollte mit dem Rüssel die Überreste zum Leben erwecken. Sicher gibt es noch andere Beispiele aus dem Tierreich.

Gleich ob Mensch oder Tier, jedes Wesen hat eine Art Beerdigung verdient, gepaart mit Gebärden der Liebe. Jedem sollte ein würdiges Requiem zuteil werden.

Wenn Sie also ein Tier freigeben müssen, weil es gestorben ist, so sorgen Sie für eine gute Entsorgung.

Wenn Sie Tierkadaver an der Straße liegen sehen, so versuchen Sie, die nächste Straßenaufsicht zu informieren, damit dieses Tier dort weggeholt und nicht etwa noch weiter verunstaltet wird. Senden Sie die Tierseele zu ihresgleichen in den Tierhimmel. Dann prägen Sie mit Ihrer einfachen

Handlung in ihr die Erfahrung: Ich war tödlich verletzt. Ich war ganz allein. Jemand hat sich um mich gekümmert. Jemand hat sich meiner erbarmt. Jemand hat mir den Weg gewiesen.

Der Respekt und die Ehrerbietung, die Sie dem Tier auch in seinem Tode zollen, kommt der ganzen Tierwelt, ja dem ganzen Kosmos zugute. Sie haben damit die Welt ein bisschen besser gemacht.

Tiere als Helfer und Heiler

Es ist erwiesen, dass Menschen, die mit einem oder mehreren Tieren in Harmonie leben, gesünder sind, älter werden, nach Operationen schneller genesen und bei Krankheiten früher gesunden als Menschen, die kein Tier haben.

Solche, die täglich schwere Anforderungen im Beruf haben, erholen sich in den Abendstunden besser, wenn ein Tier sie erwartet.

Personen, die etwa einen Risikopatienten pflegen, bei denen stets Stresssymptome auftauchten, werden ruhiger, stabiler, wenn sie ein Haustier zur Seite haben. Blutdruck und Herzschlag bleiben bei ihnen auch in Krisensituationen normal, was vorher ohne Haustier nicht der Fall war. Pferd, Hund, Katze, Vogel, Meerschweinchen können bei der Genesung helfen.

Inzwischen gibt es Kliniken und auch Altenheime, in denen regelmäßig „Tierbrigaden" zu Besuch kommen. In beiden Institutionen konnten die Medikamentengaben reduziert werden.

Im Kinderkrankenhaus XY wurde der Hase Max einem kleinen Patienten, der im Koma lag, auf die Brust gesetzt, weil, wie der Betreuer sagte, Hasen einen besonders kräftigen Herzschlag haben.

In sich selbst versunkene, traumatisierte und autistische Menschen können am Tier einen ersten zaghaften Berührungsversuch machen. Misshandelte, denen jegliches Vertrauen in den Menschen abhanden gekommen ist, ebenfalls.

Vernachlässigte Kinder entdecken „die Liebe", wenn sie ihr Herz für ein Tier öffnen. Ein Tier streicheln, versorgen, beschützen, trösten, dies alles sind Tätigkeiten, die sie im eigenen Leben und am eigenen Leibe vermisst hatten.

Kein Wunder, dass es in der Literatur so viele ergreifende Tiergeschichten gibt, in denen Mensch und Tier die allerbesten Freunde füreinander sind.

Ein Tier kann über den Verlust eines Nahestehenden hinweghelfen, denn es ist ja da und es bleibt auch da, es erlaubt den Hinterbliebenen alle Gefühle, nichts muss vorgetäuscht, nichts übertüncht zu werden.

Seit Langem besteht das therapeutische Reiten für Menschen mit Störungen des Gleichgewichtssinnes und der Bewegungskoordination. Es gibt kein technisches Gerät oder Instrument, welches das ersetzen kann.

Was ist es, das ein Tier zum Helfer und Heiler macht? Wenn es nicht selber misshandelt oder verzogen (verwöhnt) ist, wird es aufrichtig und loyal sein. Es kommuniziert auf direktem Wege über Körpersprache und auch -kontakte.

Es hat von sich aus keine Vorurteile und keine (Ab-)Wertungen. Falls es doch gegenüber bestimmten Menschen Vorlieben bzw. Ablehnung zeigt, kann sich die Person das bei einigem Nachdenken selber erklären bzw. sie muss sich Letzteres selber zuschreiben.

Die Aufrichtigkeit des Tieres sich selbst gegenüber und zum Menschen hin ist ein Heilfaktor bei Krankheit, Einsamkeit, Siechtum, Verwahrlosung usw. Das Tier, das selber in Balance ist, wird dem Menschen auf alle (ihm) möglichen Weisen zur Seite stehen. Es wird ihn begleiten, schützen, auf ihn warten und vorbehaltlos lieben … und es weiß auch, dass es das tut.

Sich selber und Ihr Tier real und mental entdecken

Die Kommunikation mit Tieren kann viel einfacher sein als die mit Menschen; Tiere übermitteln Vorstellungen, Bilder, Gefühle und Wünsche meistens direkt.

Konflikte verschweigen, verheimlichen, intellektualisieren, leugnen, verdrehen habe ich nur bei wenigen Tieren angetroffen, bei Tieren, die schon

Inkarnationen als Mensch hinter sich hatten, und das auch nur zu Beginn des Gesprächs.

Andererseits konnten gerade diese auch argumentieren, erwägen, unterschiedliche Standpunkte erörtern und hatten einen Begriff von Zeit. Sie konnten also Vergangenheit, Gegenwart und Zukunft miteinander in Verbindung bringen. Häufig benutzten sie Ausdrücke und Termen, die sie vom/beim Menschen gelernt hatten. Es ist daher gar nicht unsinnig, mit einem Tier zu diskutieren oder ihm Geschichten vorzulesen, es lernt dabei.

Tiere urteilen und beurteilen nicht, sie tratschen, lügen und betrügen nicht. Menschen beurteilen Tiere oft nach menschlichen Kriterien, zum Beispiel wie viele verschiedene Lieder ein Schwein sich merken kann oder ob der Schimpanse die „richtigen" Knöpfe auf dem Computer drückt. Eine Klug-dumm-Einteilung ist ein irriger Ansatz.

Die Zuweisungen, ein Fuchs ist schlau, ein Schakal falsch, ein Koala träge sind Interpretationen des Menschen. Es sind Beurteilungen, ob Tiere menschliche Leistungen vollbringen.

Ein Sichhineinversetzen oder Erweitern von Grenzen zwischen Mensch und Tier bewirkt Zusammenspiel und Zusammenklang. Der Mensch kann ein Tier einweihen in seine Gedankenwelt; ein Tier kann den Menschen teilhaben lassen an seiner Erlebniswelt, mental und real.

Wenn Sie sich selber und Ihr Tier besser kennenlernen möchten, wenn Sie begreifen möchten, welch einzigartiges Band Sie beide miteinander verbindet, dann können Sie sich (in einer ruhigen Stunde) folgende Fragen stellen:

- Warum habe ich dieses Tier?
- Durch welche Umstände ist es zu mir gekommen?
- Was hat mich an ihm angezogen – abgestoßen?
- Welche Erfahrungen hatte es bereits?
- Was mag es gern und was mag es nicht?
- Ist es zufrieden oder fehlt ihm etwas?
- Ist es zu ruhig, gelangweilt, störrisch oder nervös, aufgebracht, aggressiv?
- Was ist seine Essenz, sein eigentliches Wesen?
- Kommt das zum Ausdruck, zum Tragen?

Dann drehen Sie die Fragen um:

* Warum hat dieses Tier mich (bekommen)?
* Durch welche Umstände bin ich zu ihm gekommen?
* Gab es etwas an mir, was das Tier anzog – abstieß?
* Was war (vermutlich) sein erstes Gefühl, sein erster Impuls, als es mich sah?
* Welche Erfahrungen hatte ich bereits?
* Was mag ich gern und was mag ich nicht?
* Bin ich zufrieden oder fehlt mir etwas?
* Bin ich zu .... (bitte vollenden)?
* Was ist meine Essenz, mein eigentliches Wesen?
* Kommt dies bei mir zum Ausdruck, zum Tragen?

Wenn Sie das Gleiche und/oder das andere herausgefunden haben, dann erkennen Sie vielleicht, weshalb dieses Tier zu Ihnen gekommen ist und umgekehrt. Sie entdecken wahrscheinlich, dass es so sein sollte und eine tiefe Bedeutung für beide hat. Es gibt keine Zufälle. Nun können Sie entweder weiterhin die Gesellschaft des Tieres genießen oder das eine oder andere Defizit ausgleichen, harmonisieren. Wenn Mensch und Tier sich ihrer selbst und des anderen bewusst sind, wenn sie Spannung und Entspannung, Herrschen und Hingabe, Kontrolle und Losgelassenheit bewusst wahrnehmen, dann wächst beider Persönlichkeit.

Defizite ausgleichen, einander ergänzen und „anfüllen", deutliche Regeln geben und einhalten, das baut Brücken und hilft Einheit zu erlernen.

In meiner Praxis habe ich für gewöhnlich mit Anfragen von Menschen bezüglich ihrer Haustiere, Hund, Katze, Pferd und Vogel zu tun. Dass ein Kontakt auch mit jedem anderen Tier möglich ist, zeigt folgendes Beispiel.

Das Nilpferd im Amsterdamer Zoo

Als keine Menschen anwesend waren, hockte ich mich vor die Gitterstäbe des Beckens, in dem das Nilpferd sich befand, und ich begann zu singen. Erst als ich schon begonnen hatte, merkte ich, dass ich sang: „Guten Abend, gute Nacht, mit Rosen bedacht, mit Nelklein bedeckt, schlupf unter die Deck."

„Sie" stellte die Ohren auf, drehte das mir zugewandte Auge in meine Richtung und rührte sich nicht. Als ich geendet hatte, tauchte sie unter. Als sie wieder auftauchte, begann ich wieder zu singen. Wir wiederholten dies dreimal, bis ich mir ganz sicher war, dass sie wirklich meinem Gesang lauschte.

Eine Mutter mit ihrer kleinen Tochter war inzwischen hereingekommen. Sie sagte zu der Kleinen: „Guck mal, das Nilpferd lauscht dem Lied von der Frau."

Später zu Hause legte ich meine Hand auf das Foto, das ich von „meinem" Nilpferd gemacht hatte. Ich fühlte sofort, dass eine große „Ladung" Licht und Kraft „von oben" in diesen Körper gesandt worden war (im Sinne von geschickt, delegiert, dynamisch eingegeben).

„Sie", diese Nilpferdfrau, ist irdisch, animalisch, materiell, nicht sehr im Seelenleben sich aufhaltend, und gleichzeitig spirituell. Das Tierliche korrespondiert ziemlich unmittelbar mit der – ich möchte mal sagen – göttlichen Schubkraft. Diese erfüllt dieses Wesen mit seinen für menschliche Begriffe massigen Formen.

Meist liegt sie schwerelos im Wasser. Gleitsubstanzen aus der Haut bewahren diese davor, schrumpelig zu werden. Sie redet nicht in Gedanken, Wörtern oder Bildern mit mir, wie Hunde, Pferde und Katzen das meistens tun. Sie kommuniziert irdisch auf irdischer und göttlich auf göttlicher Ebene mit mir. Sie kennt nicht Vergangenheit, nicht Zukunft, sie lebt und hält sich auf „zurzeit", in unaufhörlicher Gegenwart. Die Ladung Licht und Kraft, die sie aus der Urquelle erhalten hat, gibt sie mit ihrem Körper, buchstäblich durch ihren Körper weiter an ihre Kinder (die sie gehabt hat) und hier in diesem Zoo an die Menschen, die bei ihr stehen bleiben, wenn sie denn verweilen, die sich mit ihren Augen in ihren Körper „vertiefen".

Die Wärterin erzählt, ihr letztes Junges sei gestorben, da sei sie in Verwirrung und danach eine Weile wie wesenlos gewesen. Das sei vorübergegangen. Ihr Nilpferdmann sei vor zwei Jahren gestorben, man wolle ihr kein neues Männchen zugesellen, schließlich sei sie ja nun schon 30 Jahre alt.

Nach dem Tode ihres Mannes sei sie viel zärtlicher zu ihr, der Pflegerin geworden. Sie ließ sich den Kopf streicheln, über den Augen, auf dem Nüsternrücken, am Maul (Menschen würden sagen „sogar am Maul"). Dann sperrt sie es auf und man kann hineinsehen.

Die Pflegerin erzählt auch, dass alle paar Wochen eine Gruppe schwerkranker Kinder aus der Universitätsklinik hierherkäme. Jedes Kind gebe dem Nilpferd eine Möhre und dürfe es streicheln. Nach einer Weile habe es genug von all den Möhren und Zärtlichkeiten und tauche wieder unter.

Ungefähr zeitgleich mit meinem Besuch im Zoo fand ich zu meinem Erstaunen eine Lobpreisung auf das Nilpferd im Buche Hiob.

Buch Hiob 40, 15:24 – Das Nilpferd

14   Sieh doch das Nilpferd, welches ich erschuf wie dich, es nährt sich von Gras gleich einem Rind!

15   Sieh seine Stärke in seinen Lenden, seine Kraft in den Muskeln des Leibes!

16   Seinen Schweif lässt es hängen wie eine Zeder, seiner Schenkel Sehnen sind straff verflochten.

17   Seine Knochen sind wie eherne Röhren und seine Gebeine wie Eisenbarren.

18   Es ist ein Meisterstück der Schöpfungswerke Gottes. Hat ihm gar sein Schöpfer das Schwert abgefordert?[1]

19   Denn das Wild der Berge vergisst seiner, und alle Tiere des Feldes spielen dort.

---

[1]   Hier soll wohl besonders hervorgehoben werden, dass es trotz seiner Kraft kein Raubtier ist.

20 Unter Kreuzdorngebüsch lagert es, im Schutze von Schilfrohr und Sumpf.

21 Kreuzdorngebüsch deckt es schattend zu, die Pappeln am Flusse umgeben es.

22 Schwillt auch der Fluss, es regt sich nicht auf, bleibt ruhig, auch wenn ihm der Strom bis ins Maul steigt.

Ronja

Corinna B. rief mich an. Sie war in ziemlicher Not. Sie erzählte, dass sie mit ihrer Katze Ronja unbedingt umziehen müsse, da in ihrem Hause ein unheimlicher Mann wohne. Dem würde sie zutrauen, dass er die Katze vergiften oder ihr sonst wie Schaden zufügen würde.

Sie sei schon einmal umgezogen, weil ein Hausbewohner Scherben ausgestreut und vergiftete Würstchen ausgelegt hätte. Es sei doch schrecklich, dass sie nun wieder aus dem gleichen Grund, nämlich weil ein Katzenhasser im Hause wohne, zum Auszug gezwungen sei. Inzwischen habe sie sich aber damit abgefunden und suche eine neue Wohnung.

Das Ärgste in dieser Übergangszeit sei, dass sie sich nicht trauen würde, die Katze überhaupt noch ins Freie zu lassen. Sonst hätte Ronja immer vier bis fünf Stunden „Draußenzeit" gehabt, so gegen Abend. Nun kratze sie lange an der Tür und wolle raus. Ob ich sie nicht zur Ruhe bringen könnte.

Ich antwortete, dass ich versuchen werde, Auskünfte zur Situation von Ronja selber zu erhalten. Wie meistens direkt nach dem Auflegen des Hörers kamen eine Menge Nachrichten aus Ronjas Katzenwelt. Sie hatte Corinnas Spannungen, Pläne und Befürchtungen seismografisch aufgenommen. Sie begann zu reden:

„Du bist zwar verantwortlich für mich – aber auch für dich. Dieser Mann von nebenan, wenn du an ihn denkst, denke respektvoll an ihn. Fürchte ihn nicht, verachte ihn nicht, aber sei vorsichtig. Sehr vorsichtig. Fordere ihn nicht heraus. Mache ihn nicht aufmerksam auf dich, weder mit Nettigkeit – noch mit dem Gegenteil."

Mir wurde deutlich, dass Ronja die Bedrohung, die von dem Mann ausging, ernst nahm. Bedrohung für sich, aber auch für Corinna, und dass ein Umzug die richtige Reaktion war. Dies bedeutete, dass es hier und nun nur um eines ging, nämlich den Auszug in Stille vorzubereiten und in Besonnenheit und Ruhe durchzuführen.

Ich wende mich nun an Ronja, sage: „Hör mal", – da fällt sie mir schon ins Wort:

„Ich weiß, ich weiß, ich weiß alles. Sie hat solche Angst um mich, aber eigentlich um sich. Nun dreht sie das um. Ich bin so gerne bei ihr, sie ist so sorgsam und anhänglich. Witzig, das sagen sonst Menschen über Tiere, nun sage ich das. Wenn sie mir selber die Sachen sagt, kapier ich die doch genauso gut, als wenn Sie mir was sagen. Das kann sie ruhig glauben.

Ich bin nur durcheinander und verunsichert, weil sie das ist. Wenn sie das ist, dann kommt bei mir so ein Durcheinander von ihr an, dass ich gar nichts begreife. Sie soll zuerst ruhig werden, dann soll sie genau überlegen, was sie mir mitteilen will, dann soll sie das ganz kurz halten und dasselbe ganz fest denken. Dann verstehe ich alles. So einfach ist das.

Es liegt mir sehr daran, dass sie glaubt, dass ihr das möglich ist. Sie glaubt nicht genug an ihre Fähigkeiten. In dem Glauben muss sie nicht hängen bleiben. In dem: Was andere können, kann ich noch lange nicht. Witzig nicht? Aber so ist es. Wir, sie und ich, sitzen im gleichen Boot. Ich werde versuchen, zufrieden zu sein, auch wenn ich nicht mehr nach draußen darf für eine Weile. Ich werde mein Bestes tun, auf den Balkon gehen und in der Wohnung spielen."

Sie fängt meinen Gedanken: „Ob das wohl glückt?" auf.

„Natürlich geht's, natürlich geht's. Ich bin doch vernünftig. Ich hin doch kein Untier. Ich tu mein Bestes, weil sie das auch immer tut."

In späteren Telefongesprächen sagte Corinna mir, dass sie in dieser Krisenzeit erst so richtig gemerkt hätte, wie viel sie an Ronja habe, nämlich eine echte Vertraute und Genossin. Corinna war gerührt, dankbar und froh über Ronjas Mitteilungen. Sie hätte sich die zu Herzen genommen und es sei eine Menge Gutes passiert seitdem.

Ich riet ihr noch, bei der Wohnungssuche sorgfältig den Stadtteil, die Straße und das Haus auszuwählen. Sie sagte, dass sie bisher nicht darauf geachtet habe, es aber nun tun wolle zum Wohle für sich selbst und zum Wohle für Ronja.

Starlit

Scharren, ganz gerne stiekum ausschlagen wollen, es aber nicht tun. Gute Miene machen zum ...

Nun sagt sie bedröppelt: „Ich wollte doch lieber den ganzen Tag hinter ihrem Haus auf der Wiese sein, sodass sie mich immer sehen kann und dann nachts im Stall „bei ihr" zu Hause, alles nah beieinander. Nichts auseinander. Dann hätte ich noch gerne, dass Anja gar nicht mehr weg müsste, also immer zu Hause wäre und es überhaupt keine Trennung zwischen uns gäbe, nicht räumlich und zeitlich. Immer zusammen. Das wäre das Beste für uns beide. Sie weiß das wohl, aber sie gibt es nicht zu, dass dies auch das Beste für sie selber wäre, doch!"

Ich sage: „Du hast sie wohl sehr lieb." „Ja das habe ich, sie ist meine Lehrerin, meine Beschützerin, meine Begleiterin. Wenn ich sie nicht hätte, wäre ich verloren, dann müsste ich irgendwo hin und es ginge mir sehr schlecht. Doch."

„So denkst du das also."

„Ja, und wenn ich immer in ihrer Nähe bin, dann habe ich keine Angst, denn dann sehe ich sie doch die ganze Zeit. Nein, so wie das jetzt ist, habe ich immer Angst, nicht dass sie mich im Stich lässt, das nicht, aber dass ihr etwas passiert und sie kann mir nicht Bescheid sagen. Oder dass diese Leute hier mich einfach an jemand anders geben, nein, jetzt bin ich ungerecht, das tun sich nicht, es sind gute, gewissenhafte, aufrichtige Leute. Das war nur eine gemeine Unterstellung von mir, sie tun so was Schlechtes nicht, niemals. Ich bin ja auch ganz zufrieden hier. Wirklich, nur die Anja, die fehlt mir schon vorne und hinten, besonders wenn hier nicht viel los ist, dann kriege ich Langeweile und träume von einem gemeinsamen Leben auf dem Hof, sie im Haus und wir nie getrennt."

„Starlit, ich werd's der Anja sagen."

„Seien Sie aber freundlich und vorsichtig. Ich will ja keine Vorwürfe machen. Das wäre nicht fair von mir, wo sie immer alles Gute für mich getan hat. Vor allem ist sie generös gewesen, als herauskam, dass ich so ein Wunderpferd gar nicht bin, eben kein Star, nur ein Sternchen, und auch das nur, wenn man mich mit den Augen der Liebe betrachtet. Ansonsten wäre ich etwas ziemlich Unbedeutendes, nicht wahr. Das wäre ich. Nur – durch ihre Augen bin ich besonders, ein geliebtes und geschätztes Geschöpf (geworden). Das ist das Geschenk, das sie mir gibt. Das war nicht immer so. Ich erinnere mich gut an andere schreckliche Zeiten, die liegen nun lange hinter mir. Gott sei Dank, Anja. Sagen Sie ihr das. Nein, am besten sagen Sie ihr gar nichts von dem eben. Oder nur andeuten, dass das nun schon Vergangenheit ist, dass ich es so gewollt habe, immer bei ihr sein. Dass ich aber nun zufrieden bin damit, wie es ist. Sage ‚Danke' zu ihr. Viele Male. Jeden Tag: Danke."

Anja über ihr Pferd Starbt:

„Sie kam mit vier Jahren aus Amerika zu mir. War abweisend, wollte sich nicht anfassen, nicht putzen lassen. Die großen Augen sagten etwas anderes, als wollte sie eigentlich vertrauen und lieben. Aber es ging irgendwie nicht. Oft sah sie total erschöpft aus, obwohl sie nicht viel tun musste. Sie war oft krank. Es gab Missverständnisse zwischen uns.

Ich lernte die Pferdesprache, in der eine besondere Balance zwischen Respekt, Verwöhnen, Dominanz und Toleranz Ziel ist. Seitdem fühlen wir uns beide immer besser miteinander. Wir kommunizieren und kooperieren gut. Starbt ist nun ganz gesund. Ich hatte aber Zweifel, ob sie wirklich bei mir bleiben möchte, ob ich sie nicht überfordere, ob sie vielleicht lieber bei einer gemütlichen alten Dame wäre, die nur selten reiten will. Im Grunde war ich unsicher, ob sie mich überhaupt gern mag.

Meine Lösung auf Starlits Aussagen: Starlit hat es sehr gut dort, wo sie ist. Bei mir sind die äußeren Bedingungen nicht so günstig. Aber ich sage ihr jetzt immer, wo ich hingehe und wann ich wiederkomme – das habe ich bisher nicht gemacht, weil ich dachte, es interessierte sie nicht.

Nach einer Woche habe ich das Gefühl, als sei Starlit innerlich ruhiger geworden – in sich ruhender."

Diva und Püppi

Von Yasmin bekam ich zwei Namen von Katzen: Diva, die vor vier Jahren gestorben war und Püppi, die seit knapp vier Jahren bei ihr wohnt.

Ich begann mit Püppi. Plötzlich funkte Diva dazwischen, und voller Überraschung stellte ich fest, dass beide, obwohl sie einander nicht lebend gekannt hatten, miteinander in Verbindung stehen und fast täglich miteinander zu tun haben.

Püppi, kurz nach Divas Tod von Yasmin aus dem Tierheim geholt, hat Angst und Panik im Bauch. Große Nöte. Sie verliert Urin vor Angst. An ihr wurden sadistische sexuelle Handlungen verübt, bevor sie ins Tierheim kam. Die Erinnerungen daran sind noch in ihr. Bei Yasmin erlebt sie, dass sie sicher ist, dass ihr nichts Böses droht. Sie schläft und döst fast immer. Das tut ihr gut nach den fürchterlichen Erfahrungen der Vergangenheit.

Gegen Abend setzt sie sich regelmäßig auf die Fensterbank, guckt aus dem Fenster, als ob sie jemanden erwarten würde. Danach rennt sie eine Weile durch die Wohnung, um sich dann wieder schlafen zu legen.

Nun meldet sich Diva. Ich frage: „Wo bist du?"

Sie antwortet: „Meistens bin ich ja noch bei denen. (Sie meint Yasmin und deren Tochter.) Aber die streicheln mich nicht mehr und beachten mich auch nicht mehr. Davon werde ich ganz verrückt, deshalb störe ich auch die andere, ich würde auch wohl mit der spielen wollen, aber dafür ist die zu blöd. Dann ärgere ich sie eben, aus, basta, selber schuld!"

„Da, wo du jetzt bist, gibt es keine anderen So-was-wie-du?"

„Doch, doch, schon, die wollen auch gerne mit mir spielen, aber ich bin patzig zu denen."

Dann erinnert sie sich an etwas von ganz früher. Sie zeigt mir Erinnerungen und lässt mich einen scharfen, unangenehmen Geruch riechen, der an Desinfektionsmittel erinnert. Vor Jahren ist sie betäubt und sterilisiert worden. Diese Erinnerung trägt sie noch mit sich und die Narbe ist in ihrem Ätherkörper noch sichtbar.

Ich beschließe, Yasmin anzuraten, ihr zu erklären, posthum sozusagen, warum die Sterilisation sein musste. Diva schnappt sofort meinen Gedanken auf und antwortet:

„Ich war erschrocken darüber, aber ich habe immer gewusst, dass das, was von ihr kommt, nicht böse ist. Sie macht nie was aus böser Absicht. Aber nun will ich weg, ich will mit anderen Katzen spielen, aber nur mit dunklen, weiße Katzen mag ich nicht."

Yasmin sagt mir später, dass Diva einmal sehr verliebt war in einen weißen Kater, dass sie ihm sogar mehrere Nächte gefolgt ist. Ihre Liebe damals sei nicht erwidert worden, woraus sich sicher ihre Abneigung gegenüber weißen Katzen ableitete.

Ich sage Diva, dass sie einmal gut nachdenken solle über ihre Abneigung gegenüber weißen Katzen, denn schließlich könne sie doch auch einmal „andersfarbig" geboren werden. Über meinen Einwurf lacht sie verschmitzt. Dann plötzlich weint sie, als sie an Yasmin denkt. Sie sagt: „Manchmal hätte ich gerne getobt und alles zerfetzt, aber ich habe mich zurückgehalten, weil sie immer gut war zu mir."

Dann freut sie sich wieder bei dem Gedanken an ihre Vergangenheit: „Das war ein schönes, reiches, volles Leben. Ich war echt Kind dort. Ab und zu bin ich noch dort. Ich komme in der Dämmerung. Ich sehe da nach dem Rechten. Aber – wer ist dort? Die Neue. Das mag ich nicht. Was hat die da zu suchen, was hat die da verloren? Das ärgert mich total, so ein blödes, fieses, faules Biest, die ist doch zu nichts nütze, ich werde ihr das Dortsein schon vergällen!"

„Ich verstehe", entgegne ich, „was möchtest du denn gerne, damit du in Frieden kommst mit deiner Nachfolgerin?"

„Nachfolgerin? Nachfolgerin? Ich pfeife euch was, nicht mal gebührende Zeit hat Yasmin getrauert um mich, und nun kommt die Neue, macht eine Menge Theater, benimmt sich so, dass jeder Anteil nimmt. Die missbraucht die Yasmin doch, weil sie so gut und so gutgläubig ist."

Tatsächlich kommt im Laufe des Gespräches mit Yasmin heraus, dass Püppi die Herrschaft in ihrem Hause übernommen hat: Yasmin hatte einen neuen Sessel gekauft, aber wenn Püppi darin sitzt, lässt sie das zu und setzt sich auf das unbequemere Sofa oder auf einen Stuhl.

Da muss ich ihr erst mal klarmachen, dass Püppi bei ihr wohnt, wohnen darf, und nicht sie bei Püppi zu Gast ist. Ich sage, dass die Rollen nicht umgedreht werden dürfen.

Nochmals frage ich Diva, was sie denn erfreuen könne, was Yasmin denn für sie tun könne. Sie gibt mir ein Bild: Sie selbst, Diva, groß auf einem Foto zu sehen. Eigentlich soll es nicht nur das Hinstellen ihres Fotos sein, eigentlich sollte ein kleiner Altar aufgebaut werden, eigentlich wünscht sie Yasmin andachtsvolle Verehrung. Sie sagt:

„Ein Foto, das wäre doch wenigstens schon etwas. Ich bin nicht das Problem, ich bin nicht der Störenfried. Das ist die. Wenn die nicht gekommen wäre, hätte ich Frieden, aber so?!"

„Ja", sage ich, „es ist schwer für dich, den Platz und den Menschen, den du so geliebt hast, an jemand anderes abzugeben."

„Ja, ja, tausendmal ja!" Diva fühlt sich verstanden. Im Moment ist dies der Punkt, an dem Diva sich befindet. Sie kann sich nur dann weiterentwickeln, wenn sie zuvor ganz und gar akzeptiert und verstanden wurde, in diesem Fall von mir, in ihrer Sicht der Dinge.

Was mir neu war durch Püppis und Divas Geschichte, ist die Erkenntnis, dass es offenbar nicht nur erdgebundene Menschenseelen gibt, sondern auch erdgebundene Tierseelen. Die mentale Behandlung besteht in einem ausführlichen Gespräch.

Wir können uns darüber unterhalten, was der Nachteil ist, wenn sie so ein Leben zwischen der sichtbaren und der unsichtbaren Welt führen, wenn sie die Wirklichkeiten mixen. Wir können darüber sprechen, ob es nicht besser ist, wenn sie eine Entscheidung treffen: Entweder vollständig in die nichtmaterielle Welt einzugehen, also zu anderen „verstorbenen" Katzen, oder bald wieder zu inkarnieren. Dann müssen sie kein Leben in der Zwischenwelt mehr führen und haben eindeutige Lebensbedingungen und Kontakte.

Sie mixen dann nicht mehr die Ebenen und können sich ganz einlassen auf eine physische oder nichtphysische Existenz. Sie können dann weitere Erfahrungen machen an dem Ort, an dem sie sind, und in der Gestalt, in der sie sich befinden.

Gruppenseele der im Käfig gehaltenen Graupapageien

Coco

Eine Idee davon, was Gruppenseele ist, bekam ich zufällig, als ein Mann mich bat, nach dem Graupapagei Coca, der vor 20 Jahren bei ihm gelebt hatte, zu sehen. Zuerst wollte ich absagen und erklären, dass Graupapageien nicht zu meinem Klientenkreis gehören, dann aber dachte ich: „Lass mal, guck mal einfach, was kommt."

Der Mann tat mir auch leid, weil er Schuldgefühle hatte, denn er hatte Coca in einem relativ kleinen Käfig gehalten. Dieses wiederum hatte eine Resonanz mit mir, da auch ich vor Jahren einen Wellensittich hatte, der mehr, viel mehr Raum hätte haben müssen. Zudem hatte ich ihn alleine gehalten, ohne Genoss/inn/en. Heute würde ich das anders machen. Heute würde ich keinen mehr kaufen, weil ich wüsste, dass ich ihn nicht glücklich machen könnte.

... er möge mir vergeben, er möge mir meine Schuld von damals vergeben ...

Aufgrund der Anfrage des Mannes kam ich in den Genuss des Erlebnisses der Gruppenseele Graupapagei.

Ich schloss die Augen und bat den Himmel und den Graupapagei Coca um eine Botschaft, um ein Bild ... und sah eine unübersehbare Menge Graupapageien, die flogen und flogen. Es war eine einzige Woge von Tausenden Flügelschlägen, hingegeben an die Bewegung, hingegeben an das Glück des sich Fortbewegens ... herrlich, majestätisch, großartig.

Die Graupapageien, die ich sah, hießen übrigens fast alle Coco und sie riefen auch alle: Coco, Coco.

... und wenn ich jetzt erneut die Augen schließe, sehe ich, dass die in den vorderen Reihen neu inkarniert sind und dass am Schluss des Schwarms neue dazugekommen sind, die fliegen und fliegen und fliegen.

Sie fliegen zum Ausgleich. Sie holen alle Flügelschläge nach, die sie in ihrem vergangenen Käfigleben nicht tun konnten. Dabei werden ihre

Flügel immer kräftiger, ihre Körper immer stromlinienförmiger. Auch gewinnen sie an Farbigkeit.

Ich teile dem Mann diese Bilder mit, ich sage ihm, er möge Coco um Verzeihung bitten für die nicht artgerechte Haltung. Er möge auch Coco verzeihen, dass dieser ihn in die Lage gebracht habe, vor Jahren dieses Unrecht auf sich zu laden, und schließlich möge er sich selber vergeben. Wenn diese dreifache Verzeihung erfolgt sei, dann wäre die Sache gelöst und erlöst.

Dank an den Mann, Dank an Coco und an alle Graupapageien. Miteinander machten sie diese Vision möglich!

Lemmingsmenschen – Menschenlemminge

3.4.2001

Ich bitte um Begegnung mit der Gruppenseele Lemminge. Da tauchen sie auf, wie auf Abruf, als ob sie schon seit Ewigkeiten auf diesen Anruf gewartet hätten: Lemminge. Sie sagen:

„Weil du eine so starke Verbundenheit mit dem hast, wer wir sind und was wir tun, erscheinen wir bei dir, dem Menschen. Was euch an uns so maßlos erstaunt, ist, dass wir nach einem tätigen (ihr würdet sagen „arbeitsreichen") Leben da hinrennen, wo der Boden aufhört und wir demzufolge fliegen oder stürzen (je nach Weise der Betrachtung). Wir wollen euch nun den ganzen Ablauf berichten.

Wir pflanzen uns fort wie die Weltmeister, wir kennen keine Begrenzungen darin, noch kennen wir Mäßigung. Uns ist alles recht, wenn es nur unserer Triebbefriedigung dient. Wir pflanzen uns weniger unserer Fortpflanzung wegen als unserer Triebbefriedigung wegen fort. Pausenlos. Darin und dabei gibt es kein Individuum; wir sind engste Gemeinschaft, bilden kleine Familien und immer neue – neue – neue.

Die Kleinen sind in unseren Körpern (soweit wir Weibchen sind). Dann liegen sie im Nest, Körper an Körper und saugen den Saft aus uns (Weibchen) heraus, dann spritzen Männchen neuen Saft in uns Weibchen hinein, während die nachgewachsenen Jungen dasselbe tun oder dasselbe mit ihnen getan wird. Und dies alles in rasendem Tempo, das uns normal ist, dem Lemmingstempo eben.

Wir vermehren, vervielfältigen, multiplizieren uns mit gewaltiger Geschwindigkeit, mit Geschundenheit und schließlicher Geschwundenheit. Wir explodieren, um (uns) zu schinden um dann zu verschwinden. Wir sind die Manifestation der explodierenden und dann implodierenden Menge.

Könnt ihr Erdbevölkerung erkennen, was wir euch damit zeigen? Was das ist, was das bedeutet und wohin das führt? In Wahrheit sind wir Warnung vor exzessivem Tun.

Darum springen wir, wenn wir das soeben Beschriebene zur Genüge und noch darüber hinaus ausgekostet haben, in die Luft. Wir sehen das als Konsequenz, als Ausweg aus der isolierenden Enge unseres Familien- und Stammeslebens hinein in die Individualität. Unser Leben ist – unsere Leben sind rennen, eilen, fressen, fortpflanzen, fortgepflanzt werden.

Wir sind wie euer Leben, wie eure Leben, wie eure Liebe, wie euer Autobahnverkehr; Ein-richtungs-straßen, Ein-richtungs-rasen. Auch auf Haltestreifen kein Verbleib.

Auspusten, aushusten, stille stehen, stille sein ... verboten. Nicht möglich, nicht erwünscht ...

Nicht erwünscht von unserer Gruppenseele aus – denn dann wären wir nicht mehr, was wir sind. Das ist nicht möglich von unserer körpereigenen Lemmingchemie her, denn dann müssten gleichzeitig biochemische Veränderung im Einzelkörper sich vollziehen. Das wäre der Austritt aus der Gruppenseele und der Übertritt in die individuelle Seele.

Nur individuelle Seelen halten an, stehen stille, suchen Ruhe, bedenken, überlegen, reflektieren, verbinden Gegenwart mit Vergangenheit und diese wiederum mit Zukünftigem. Wenn wir das täten, dann wären wir nicht mehr, was wir sind. Wir hätten uns entfernt von unserer Bestimmung, von unserer Aufgabe, so zu sein, wie wir sind und euch in den Spiegel sehen zu lassen. Wir sind die gleiche Spezies wie ihr. Ihr habt euch zwar anders entwickelt als wir, scheinbar anders, doch sind wir aus gleichem Holz geschnitzt.

In diesem Teil sind wir gleich: Lemmingsmenschen/Menschenlemminge. Deshalb der große, der gewaltige, der finale Sprung ins Gewisse. Einmal im Leben fliegen, einmal im Leben segeln und wenn's denn so ist, dass das erste Mal das letzte Mal ist. Einmal im Leben schenken wir uns den Flug und ist der uns geschenkt.

Einmal haben wir diesen grandiosen Augenblick, der uns befreit von den (unseren) irdischen Gesetzmäßigkeiten. Nach diesem von Gesetzen, von Unausweichlichkeiten bestimmten Leben ein Mal den freien Fall erleben.

Darin sind wir immer noch gebunden an Gesetze, in diesem Falle das der Schwerkraft, denn es ist ja kein richtiges Fliegen. Es ist, wenn man ganz bei der Wahrheit bleibt, ein Sichabstürzen, ein Abstürzen. Wir tun nur einen Augenblick so, als ob es freiwillig ist und Freiheit beinhalten würde. In Wirklichkeit ist es Drang, Zwang, ist es Besessenheit.

Wir haben keine (andere) Wahl, wir müssen das tun. Und wir verbrämen die Tat mit: Freiheit, fliegen, zeitlos, ungebunden im Raume sein.

Dies ist das erste Mal in unseren Leben, dass keine anderen von uns bei, in, um, über und unter uns sind. Seit der Befruchtung ist es das erste und einzige Mal, dass wir auch von den anderen unserer Gruppe, unserer Art befreit sind (so sehr wir die auch gewollt, gebraucht und geliebt haben). In unserem letzten Rennen sind wir noch Gemeinschaft, in der Sekunde, da unsere Laufwerkzeuge jedoch den Boden verlassen, sind wir frei von der Erdenhaftigkeit und auch frei von den anderen.

Dann ist es: Ich bin eigen/ich bin selber/ich bin selbst/Ewigkeit/für mich/Aufprall/Steine/Blut/Wasser/Wogen (ein „oder" gibt es nicht. Es gibt das eine/das andere). Dann sind wir wieder Wir. Dann hört „Ich" auf und wir sind wieder Wir. Den Bruchteil von Zeit gelebt, den Bruchteil gestorben. Der Traum vom Individuum ausgelebt. Und ausgestorben. Dann finden wir uns neben anderen Lemmingsleichen.

Unsere zweiten beiden Augen sehen über uns noch die anderen Nachkommenden segeln, die im Rausch der Individualität durch den Aufprall sich wieder mit der materiellen Welt verbinden. Aus der Traum. Ich ist (wieder) Wir. Bis zum nächsten Mal.

Warum hat sich niemand von euch echt Gedanken gemacht über das, was wir sind und was wir tun? Man sagt, das Verhalten der Lemminge ist nicht erklärbar, ist nicht erforscht. Wie wahr, wie wahr. Das ist wissenschaftlich.

Was wirklich ist, haben wir soeben hiermit vorgestellt. Unterbreitet. Angeboten.

Das fliegende Abstürzen können wir nur als Gruppe tun. Das abstürzende Fliegen Einzelner würde nicht beachtet oder überhaupt bemerkt. Wir sind euer Spiegel. Wir zeigen euch, was ihr am tun seid.

Lemminge (Lemmus), rd. 15 cm lange Nager mit kurzem Schwanz aus der Familie der Wühlmäuse. Leben in dichten Kolonien in Skandinavien, Nordsibirien, Alaska und Grönland. Der skand. L. vermehrt sich so stark, dass alle 3–5 Jahre selbstzerstörerische Massenwanderungen einsetzen. Man vermutet, dass zu große Populationsdichte in den L.kolonien diese Wanderungen auslöst.[2]

In der Seele gleiche Sorte

Die Schäferhündin Lia

Carmen B. hat jahrelang Schuldgefühle, weil sie ihre Schäferhündin Lia hat einschläfern lassen. Aus diesem Grunde bittet sie mich, Kontakt mit Lia aufzunehmen und ihr mitzuteilen, was Lia „gesagt" habe.

Carmen hat niemals Stellung genommen zu dem, was Lia uns wissen ließ. Als ich das Wort „einschläfern" denke, knüpft Lia hier sofort an. Sie lässt mich wissen, dass diese Entscheidung gut war; im Vergleich zu den vorangegangenen Schmerzen war die Einschläferung „nichts". Sie erinnert sich gut an Carmen und wie gut die Zeit bei ihr war.

„Ich war dort wie ein Kind, Kind unter Kindern, das war das Beste. Die mochten auch gern spielen und Späße machen. Ich war immer die Nummer eins. Es gibt keine traurigen Erinnerungen bei/mit/von denen, nur, wenn sie selber traurig waren, wenn einer weg musste oder weil einer weg musste. Darüber wurde dann auch nicht mehr gesprochen, es war eine Tatsache und man lebte normal weiter. Als ich dann so krank wurde, habe ich keinen Widerstand gehabt beim … Ich war sehr einverstanden und bin einfach so weggesackt.

---

[2]   Aus: Familienlexikon. Isis Verlag AG, Chur/Schweiz.

Dann war ich bei meiner Hundefamilie. Ich hatte auf einmal viele Mütter und Väter, die sich alle um mich kümmerten, sich um mein Wohlbefinden bemühten ... Fast zu sehr, wie ich fand, denn so schlecht ging es mir doch gar nicht.

Gut, ich war dort bei meiner Tier-Hundefamilie, meiner Stammfamilie. Es ging mir prima. Auf die Dauer wurde es aber langweilig. Irgendwie eintönig. Menschen sind interessanter, vielseitiger. Da kann man viel mehr erleben, viel Verschiedeneres. Ich wollte gerne wieder als Tier in eine Menschenfamilie. Und während ich das wollte, war ich wieder im Kindernest mit kleinen Hundegeschwistern ... Und bei Menschen, die für uns sorgten. Weil ich das so gerne wollte, bekam ich es dort.

„Wie oft warst du inzwischen wieder auf der Erde?", frage ich.

„Frag mich nicht so was", antwortet Lia, „ich kann das nicht denken. Ich weiß, ihr Menschen zählt alles, zu uns passt das nicht."

Ich sage: „Gute Zeit, Lia, lieb, dass du mir so viel erzählt hast."

Sie sagt: „Wenn ich die von damals oder so Ähnliche wiedertreffe, unterwegs, auf der Straße oder im Park, dann begrüße ich die ganz herzlich und ganz deutlich, die merken dann auch, wie besonders froh ich mit ihnen bin. Sie sollen merken, dass ich das dann bin. Gutes, mir angetan, wird niemals vergessen!!!"

Katerchen

Von Helga B. bekomme ich die Anfrage, ob ich nachschauen könnte, was mit einer herrenlosen Katze, die sie Katerchen nannte, geschehen sei. Sie habe sie täglich vor ihrer Haustür gefüttert, dann auf einmal sei sie nicht mehr gekommen.

Nachdem ich mein Interview mit Katerchen geführt hatte, ergänzte Helga noch, dass sie von ihrem Küchenfenster aus wenige Tage nach seinem Verschwinden Katerchen noch einmal gesehen habe. Er habe kräftiger, gesünder und jünger ausgesehen als jemals zuvor. Sie habe ihm schnell – wie gewöhnlich – ein Schüsselchen mit Futter und eines mit Wasser hingestellt, aber gefressen und getrunken habe er nichts.

Helga hatte die Vermutung, dass Katerchen sie noch ein letztes Mal mit seinem Seelenkörper aufgesucht hätte, um sie zu grüßen.

Als ich Katerchen um eine Begegnung bitte, zeigt er mir eine Kopfwunde, die aber nicht schmerzt. Dann jagt er hin und her, er will toben, ist unstet und lacht dabei.

„Ich mag das, ich brauch das", sagt er, „bis ich von dem wilden Leben genug habe. Menschen haben mich an den Ohren hochgezogen, meine Pfoten umgeknickt, das habe ich nicht vergessen, deshalb kann ich, will ich mich auch nicht festlegen bei und mit Menschen."

„Wo bist du jetzt?", frage ich.

„Ich bin jetzt in vielen Leben, immer in Katzenleben beschäftigt. Ich komme und gehe und komme ganz schnell wieder, darin habe ich Übung. Ruckzuck bin ich weg von der Erde, ruckzuck bin ich wieder da. Es gibt ja noch viele sich paarende Kater, da kann man schnell rein, obwohl bei den zahmen Hauskatern, da geht das nicht mehr. Komisch, früher konnte man bei jedem rein. Heute denkt man das, und dann hat man sich vertan, dann ist null Eintritt. Macht nix, dann such ich mir eben wieder einen wilden Kater."

„Erinnerst du dich noch an die Frau Helga?", frage ich.

„Ja, mit Vergnügen. Sie hat so eine Art, dass sie Tiere und Menschen versteht. Sie meckert/ändert nicht viel an ihnen herum. Das ist ein Vorteil. Ich mochte mich gerne an sie schmiegen, aber nur so lange ich das wollte; immer hin zu ihr und wieder weg. Das hat sie nicht persönlich genommen, sie war nicht beleidigt."

Ich fühle nun ein Ziehen im Herzen von Katerehen, Abschiedsgefühle. Die tun weh.

„Was ist passiert, dass du nicht mehr wiederkamst zu ihr?"

„Das ist ein ganz trauriges Kapitel. Ich kann nicht benennen, was passiert ist, denn zu der Zeit war alles dunkel. Zuerst war da ein heller Blitz, dann flog ich und dann war alles schwarz."

„Und dann?"

„Dann war lange nichts. Dann sah ich mich durchnässt am Straßenrand liegen, schließlich holten Straßenmänner (sie meint Straßenarbeiter) mich ab und warfen mich weg. Sie warfen mich in eine Tonne, die gleichzeitig ein Wagen auf Rädern war. Aber das machte mir nichts mehr aus. Das sah ich von oben. Ich ging dann gleich zu anderen wilden Katzen, denen so was Ähnliches passiert war wie mir, aber so richtig gut kamen wir nicht miteinander aus. Deshalb ging ich wieder in was Warmes (sie meint in eine Befruchtung).

Ich wollte wieder die Kuscheligkeit um mich und ich wollte auch wieder in die Nähe von Menschen. So mache ich das immer noch. Ich bin glücklich, wenn niemand mir dreinredet. Ich liebe solche Menschen, die so sind wie die Frau Helga, die still und gut sind, die still gut sind. Sie verstehen uns Dachlosen.

Ich sage nicht ‚Heimatlosen', denn unsere Heimat ist, was ihr ‚streunen' nennt. Wir sind verlassen, aber nicht verloren, wenn wir auf solche Menschen treffen wie diese Frau. Sie halten uns am Leben und aus der Not, aus der Hungersnot. Dabei erwarten sie nichts von uns. Wir bleiben frei. So können wir uns langsam an zuverlässige Liebe gewöhnen … und wenn wir genug Vertrauen gesammelt haben – wer weiß –, können wir bei einem von diesen Menschen sogar wohnen. Zuerst probeweise, dann mit Verlängerung.

Nun bin ich froh und glücklich, denn wenn ihr uns versteht und uns nicht ändern wollt, sind wir glücklich und dankbar. Danke der Frau Helga und allen, die so sind wie sie. Danke."

Die Schäferhündin Anka

Von Barbara M. bekomme ich einen Brief mit dem Foto einer Schäferhündin. Ich lese den Brief erst mal nicht, um ganz unvoreingenommen Eindrücke aus dem Foto aufnehmen zu können.

Ich merke, dieses Tier, diese Hündin weiß nicht so recht, wer oder was sie ist, ob sie auf ihren Namen hören soll oder nicht. Eigentlich ist sie in ihrem Kern ein übermütiges Tier, doch vor langer Zeit wurde sie traumatisiert. „Man" hat mit ihr etwas getan, sie konnte sich nicht wehren. Damals hat sie den Entschluss gefasst, sich niemals wieder von niemandem und unter keinen Umständen beherrschen zu lassen. Sie war dermaßen verunsichert, dass ihr Vertrauen in die menschliche Rasse auf ein Minimum schmolz.

Während ich diese meine Eindrücke zu Papier bringe, merke ich, dass sie sich nun (etwas) verstanden und dadurch etwas erleichtert fühlt. Ich meinerseits fühle dadurch, dass ich auf dem richtigen Weg bin.

Sie – immer noch ist es nicht sinnvoll, ihren Namen zu denken oder auszusprechen, denn sie identifiziert sich nicht damit – ist eine alte Hundeseele und dem Menschen sehr nahe. Sie kann gut mitfühlen, was der Mensch fühlt und das in Tiersprache umsetzen. Sie ist klar, hellsichtig und bleibt immer dicht bei der Wahrheit. Man kann ihr nichts vormachen. Sie hält nichts von unechtem Gehabe und deckt solches sofort auf. Auch von Verzärtelung hält sie nichts.

Nun sehe ich sie in Bewegung, immer zu Barbara hin und wieder weg von ihr, hin und weg, hin und weg. Irgend etwas ist im Wege, sodass es kein vollständiges Hin sein kann.

Ich stelle mental die Frage: „Was ist im Wege?"

Meistens übermitteln Tiere mir Bilder und Gefühle. Diese Hündin aber sendet ein Wort zu: „Konkurrenz." Sie sagt: „Ich will Herrchen sein, ich bin das Leittier. Sie soll sich unterwerfen, sie soll mir dienen. Ich mag sie, ich verehre sie, ich bewundere sie, ich liebe sie, und gerade darum will ich über sie herrschen."

Nun will ich erst einmal Barbaras Brief lesen, vorher das Tier noch eben streicheln, aber darauf legt es keinen Wert. Viel zu viel weiß ich schon von ihm. Mit meinem Wissen über sein Machtstreben, über das Herrschaftsthema könnte ich ihm zu nahe treten.

So ziehe ich meine zum Streicheln ausgestreckte Hand zurück und sage: „Okay, okay, weißt du, mit dem Thema ‚Macht und Ohnmacht' haben wir doch alle zu tun, alle! Alle, so wie wir da sind. Es kommt nur darauf an, dass wir die Balance finden in Geben und Empfangen, in Leiten und Geführtwerden, in den Willen bekommen und nachgeben."

„Ach so", sagt die Hündin.

„Ja", sage ich, „darum geht es hier für uns alle auf diesem Planeten."

Jetzt braucht sie erst einmal Zeit, will allein sein mit dem, was sie gehört hat, mit ihren Gedanken und Erwägungen. So lasse ich sie. Ihr Gehirn wird ganz aktiv, ganz hell. Lichtblitze flitzen hin und her (sie verarbeitet Informationen) und hinterlassen leuchtende Streifen.

Also lese ich jetzt erst mal Barbaras Brief. Vielleicht flitzen ja auch in meinem Gehirn Lichter hin und her, nur dass ich sie nicht sehe …

Aus Barbaras Brief

… darum möchte ich Sie bitten, mit „meiner" Anka Kontakt aufzunehmen. Sie ist vor drei Jahren, am 11.11.1997 gestorben. Ich mache mir so große Vorwürfe, dass ich ihren frühen Tod verschuldet habe. Hätte ich ihr nicht die Läufigkeitsspritze geben lassen, wäre sie nicht zuckerkrank geworden. Vielleicht hätte ich sie nicht noch operieren lassen sollen. Warum habe ich nicht gemerkt, dass sie zu lange in der Narkose blieb?

Diese Fragen verfolgen mich und ich werde sie nicht mehr los. Natürlich denke ich nicht jeden Tag daran, aber wenn, dann zieht sich mein Herz zusammen. Vielleicht weiß sie ja auch, wie leid mir das alles tut und wie sehr ich hoffe, dass es ihr gut geht … und sie mit ihren beiden besten Hundefreunden, die inzwischen auch in der anderen Welt sind, vergnügt herumspringt …

Ich suche Anka auf

Ganz viel Licht und Liebe erbitte ich, bevor ich Anka aufsuche … Wenn wir uns die Zeit linear vorstellen, so suche ich also auf dieser Zeitleiste die Monate September, Oktober, Anfang November 1997 auf …

Was finde ich bei Anka? Unwohlsein, sich selber nicht leiden können, einen Schnitt am unteren Bauch, Atemnot. Plötzlich findet sie diesen Zustand komisch, fast findet sie ihn zum Lachen, soweit ein Hund das kann. Dann atmet sie tief durch und fühlt sich prima. Vor ihren Augen wird es hell, sie fühlt sich emporgehoben, befreit von der Schwerkraft. Diese hatte sie zeitlebens schon zu überwinden versucht durch heftiges Laufen. Laufen war ihr Versuch zu fliegen.

Endlich, endlich glückt das nun perfekt und vollkommen. Sie hat ein grandioses Gefühl von Freiheit, Überwindung von allem Lästigen im Dasein, im irdischen Dasein. Alles, alles, was sie immer ersehnt hat, erfüllt sich in diesem Augenblick. Sie schaut nicht mehr zurück, sie schaut nur noch vorwärts … und landet auf ihren vier Pfoten sanft, weich, wie in Zeitlupe. „Geschafft! Geschafft!" ist das jubelnde Gefühl.

Hier sind noch „andere", einige sind kleiner, andere sind gleich groß, niemand ist größer als sie. Sie fühlt sich als die Älteste, besser gesagt als die Weiseste und Fortgeschrittenste in diesem kleinen Haufen von etwa zehn bis zwölf Hunden. Es sind verschiedene Rassen und Mischungen dabei, doch keine unterscheidet sich im Charakter wesentlich von ihr. Sie bewegen sich alle auf einem beweglichen Untergrund, sie springen nicht selber, auf diesem Boden wippen sie auf und ab, was eine Wiegebewegung bzw. ein Wiegegefühl hervorruft. Das gefällt ihnen.

Ich lasse das Bild so. Und doch möchte ich für und wegen Barbara noch gern Dinge von Anka erfahren, quälende Fragen beantworten. Wie die Menschenseele so kann auch die Tierseele nur ganz alleine entscheiden, ob und wem sie wann was mitteilen möchte. Ich kann und darf nicht mit gezielten Fragen und Erwartungen an das Tier herantreten.

In der Evolution der Tierseele kann sich die Bereitschaft sich mitzuteilen entwickeln. Die Regel heißt: Wenn das Tier dazu in der Lage ist, wird es berichten. Wenn der richtige Zeitpunkt gekommen ist, wird es das tun. Nur und erst wenn ich das Tier frei lasse, schaffe ich den Raum dazu.

Ich lasse – auf der irdischen Zeitleiste – die Stunden bis zum nächsten Morgen vergehen … Dann sehe ich Anka wieder mit ihren Hundefreund/inn/en. Ich frage sie, ob dieses Bild zeitgleich ist mit dem irdischen Datum von heute, nämlich mit dem 15.11.2000, 9:30 Uhr.

Ihre Antwort ist: „Ja, aber in Gedanken bin ich nun manchmal woanders, schweife ich herum, ersuche Möglichkeiten für eine Veränderung, für ein weiteres Bestehen in verändertem Zustand oder in anderer Umgebung."

Die weiblichen Aspekte in ihr haben sich inzwischen langsam in Richtung männliche Elemente orientiert. Nach und nach erwirbt sie die Qualitäten eines männlichen Hundes, während sie immer in Kontakt bleibt mit den weiblichen in sich. Bei ihr geschieht das nicht abrupt und nicht „von einem Extrem ins andere", sondern ausbalanciert nach beiden Seiten. … meine Gedanken schweifen in Richtung Barbaras Fragen. Da kommt von Anka folgende Reaktion:

„Das ist lange her, das ist kein Problem, das hat keine Auswirkungen auf mich. Ich kann und will mich jetzt auch nicht auf die Vergangenheit richten, ich lebe jetzt und es geht mir gut. Ich habe alles, was ich möchte und was zu mir passt. Ich bin sorglos, was die Zukunft betrifft und sorglos, was die Vergangenheit betrifft. Barbara soll (m)ein Hundenäpfchen nehmen, es mit Wasser füllen als Zeichen (Anka meint als Symbol) für ihre Tränen. Ihre Tränen bestehen aus Kummer, Not, Spannung, Vorwürfen und Selbstvorwürfen …

Sie soll das Wasser – ihre Tränen also – in dem Schälchen eine ausreichende Weile ansehen, sich an alles erinnern, was zwischen uns war. Dann soll sie es in die Erde nicht schütten, sondern hineinfließen lassen. Dies soll im Freien geschehen. Sie soll die Schale bis auf den letzten Tropfen leeren. Dann soll sie sich aufrichten, tief durchatmen und dreimal sagen: ‚Ich bin frei und du (Anka) bist frei.'

Dann soll sie sich nie mehr quälen mit dem, was geschehen ist. Sie ist ein guter Mensch. Sie ist ein lieber Mensch. Sag ihr das! Sie darf (sich) nicht das Leben schwer machen. Sie soll sich ein Beispiel nehmen, wie spielerisch ich (jetzt) mit dem Leben und meinesgleichen umgehe. Sie muss nicht denken, dass jeder sie angreift.

Das kommt von früher, dass sie das häufig meint. Und wenn jemand sie angreift, dann soll sie wenigstens sich selber nicht auch noch angreifen. Dies ist das Geheimnis und gleichzeitig der Schlüssel dafür, dass sie sich wohl(er) fühlen kann, nämlich wenn sie milde, freundlich, nachsichtig mit sich umgeht. Ich hoffe und wünsche, dass sie mir in dieser Idee folgen kann. Ich grüße dich, Barbara, ich bin immer mit dir verbunden und bleibe es auch.

Deine Anka."

Die Katze Mischka

Andrea M. möchte gern etwas über ihre Katze Mischka erfahren.

29.12.2000

Eine Katze, die leicht, licht ist, die weiß, was sie will. Sie kennt sich selber auch gut, ist strukturiert, kontrolliert, weiß echt, was sie tut, ist sich dessen bewusst. Hat ein reiches Innenleben. Hat ihre Meinungen. Prinzipien. Ideen. Kann sich abstrakt in andere hineinversetzen, weniger gefühlsmäßig. Nun lese ich die Fragen, die Andrea an mich gesandt hat: Bei wem ist Mischka jetzt?

Ich gebe die Frage an die Katze weiter und schließe die Augen: Sie rennt hin und her, schnell wie ein Blitz, reagiert in dieser Weise auf mich, mag eigentlich nicht, wenn oder dass ich die Hand ausstrecke nach ihr. Will nicht von mir angelockt und schon gar nicht gestreichelt werden.

Sie sagt: „Ich habe mein eigenes Leben, meine Identität, was mischen Sie sich hier eigentlich ein? Kann man als Tier denn nicht ein Mal in Ruhe gelassen werden? Sie glauben doch, bilden sich doch ein, dass Sie so viel wissen über uns und über alles. Da haben Sie sich aber vertan. Ich mache nicht mit bei solchen Befragungen. Entweder kriege ich Allergie von Ihnen, oder Sie kriegen Allergie von mir, unstillbares Jucken, bis Sie von mir ablassen, bis Sie genug von mir haben. Ich will das so."

Nun denke ich an Andrea, dass sie doch gerne etwas erfahren möchte von – über diese Katze. „Das ist etwas anderes," antwortet Mischka, „der würde ich wohl antworten, aber mit Ihnen möchte ich nicht kommunizieren. Sie sind mir zu schlau. Und drücken Sie nun nicht auf die Mitleidsdrüse, auch dann werde ich keine Geheimnisse preisgeben, auch nicht, weil ich mit Andrea verbunden bin und war. Ich sage nichts, weder über uns, noch über mich, noch über sie!"

Wenn ich weiter insistieren würde, wäre sie echt böse, und das zu recht. So sage ich, dass sie okay ist, wenn sie so entscheidet, dass sie sicher ihre guten Gründe hat und dass ich das selbstverständlich respektiere.

„Dann tun Sie das auch bitte, bevor Sie mir lästig werden", bekomme ich zu hören. Das ist deutlich. Ich ziehe mich nun zurück und schließe leise die Tür hinter mir. (Hier ist die mentale Tür gemeint.) Sie sendet mir noch nach, dass ich auch in Zukunft nicht mehr versuchen soll, sie aufzuspüren und auszufragen (wie sie es nennt). Ich soll das nicht noch einmal versuchen.

Daran werde ich mich halten.

Die Seiten wechseln

Für die meisten Menschen ist es undenkbar, das heißt, es ist ihnen nicht möglich zu denken, dass bei einer neuen Inkarnation eine Seele vom Tier in den Menschenkörper (und umgekehrt) überwechseln kann. Die These, dass dies sehr wohl der Fall sein könnte, ist gewagt.

Ich selber hatte vor circa 30 Jahren Erinnerungen an eine Wolfs- und an eine Schweinsexistenz, aber das erschien mir so absurd, so unglaubhaft, dass ich das Ganze, den ganzen „Film", verbunden mit den entsprechenden (Tier-)gefühlen erst mal wieder im kosmischen Unterbewusstsein versinken ließ.

Erst kürzlich, aktiviert durch Berichte von anderen Menschen und Tieren, holte ich sie wieder hoch. Das mündete dann in dem Gedanken: Sollte es denn vielleicht doch stimmen, dass …???

Wenn wir einmal der Theorie folgen wollen, dass eine Seele von einem Menschen in einen Tierkörper wandern könnte, dann ist das so zu sehen, dass es sich hierbei niemals um Strafe, Zurückstufung oder Degradierung handelt; diese Begriffe sind bestenfalls Interpretationen von Menschen. Schlimmstenfalls sind sie Urteile, hervorgerufen durch Hochmut, der wiederum hervorgerufen ist durch Minderwertigkeitsgefühle.

Die Erklärung und Begründung für einen Wechsel ist, dass ein Tierkörper am geeignetsten wäre, um darin bestimmte Erfahrungen zu machen, bzw. dass bestimmte Aspekte am besten darin ausgedrückt und ausgelebt werden können.

Wie sensibel das Thema „Tierseele im Menschen – Menschenseele im Tier" ist, erfuhr ich während einer Lesung mit dem Titel „Mentale Gespräche mit Tieren im Diesseits und im Jenseits". Als ich an die Stelle kam, an der das Pferdemädchen Yvonne beschreibt, wie nah es dem Menschen steht und dass es sich fühlt wie ein Mensch in einem Pferdekörper, verließen gleichzeitig sieben Personen meinen Vortrag. Wenn zwei, drei Personen rausgehen, dann ist das normal, wenn fünf Personen den Raum verlassen, schnellt mein Adrenalinspiegel hoch, das ist dann schon ein Schlag auf das Ego, wenn aber sieben Leute und dann auch noch gleichzeitig … dann droht die Krise; Visionen von entleerten Stuhlreihen tauchen auf, Katastrophenstimmung macht sich breit (wohlgemerkt, alles innerlich, während ich fieberhaft nach dem Grund des Auszuges suche – der dann so schnell nicht zu finden ist, denn schließlich muss man ja buchstäblich weiter im Text, sonst macht man alles noch viel schlimmer).

Nach der Lesung machte ich mir Gedanken; es war deutlich, dass die Personen den Saal verlassen hatten, weil ich etwas für sie Unakzeptables gesagt hatte. Eigentlich war es das Pferd Yvonne, ich hatte es „nur" weitergegeben.

Daraus ergab sich für mich die Frage: Hätte ich diese Passage weglassen oder verändern sollen, hätte ich vorausschicken müssen, dass es sich hier um eine Meinung, eine These handelt, an die zu glauben oder nicht zu glauben jedem überlassen bleibt?

Ich hatte etwas unberücksichtigt gelassen. So sehr, dass einige Zuhörer, die Tiere lieben und mehr über sie erfahren wollten, kein anderes Mittel des Protestes hatten, als den Saal zu verlassen.

… Noch mal gut nachdenken und nachfühlen …

Das Pferd Yvonne

Eine Bäuerin aus der Nähe von Zwolle rief mich an. Ihr Pferd Yvonne sei seit längerer Zeit krank, Tierarzt und Tierheilpraktiker seien ratlos. Sie selber sei es auch. Sie hätte gehört, dass manche Menschen mental mit Tieren kommunizieren könnten, sie selber möchte das auch so gerne. Sie wüsste nicht, ob sie Yvonne einschläfern lassen sollte oder nicht.

Ich sagte ihr, sie könne in zwei bis drei Stunden wieder anrufen, ich würde inzwischen versuchen, von Yvonne zu erfahren, was mit ihr los sei. So geschah es.

In dem folgenden Telefongespräch teilte ich der Bäuerin deutlich und doch vorsichtig und sanft die Dinge mit, die ich zuvor von dem Pferd erfahren hatte. Nach unserem Telefongespräch eilte sie gleich in den Stall zu Yvonne, um mit ihr zu sprechen bzw. ihr zuzuhören.

Wenige Tage später rief sie wieder an. Yvonne sei am Tag nach unserem Gespräch gestorben, es sei ein schwerer Tod gewesen, trotzdem sei sie, die Bäuerin, dankbar für unser Gespräch davor. Das habe doch manches in einem anderen Licht erscheinen lassen.

Das Gespräch mit Yvonne im Stall bei Zwolle

Yvonne zeigt mir in schneller Folge Sequenzen aus ihrem Leben. Ihr ist warm, sehr warm, zu warm. Hat sie Fieber? Sie fühlt Druck im Magen. Sie hat große Ängste und Sorgen, die aus mehreren Quellen gespeist werden.

Sie hat „jemanden" verloren vor einiger Zeit. Jemand war da und dann auf einmal nicht mehr da. Das schockiert sie. Sie will wissen, was mit Wesen passiert, die auf einmal weg sind. Sie möchte wissen, ob das auch mit ihr selber passieren könnte, einfach so verschwinden.

Sie ist vom Alter und ihrer Entwicklung her ein junges Pferdemädchen. Sie hat Schmerzen. Es ist noch jemand außer der Bäuerin auf dem Hof, eine männliche Person. Ein Verwandter, der übervorteilt worden ist. Er hat ständig Probleme mit der Bäuerin und umgekehrt, der Konflikt steht zwischen ihnen.

Das Pferd ist davon sehr beunruhigt. Es hat die Spannungen auf sich genommen, möchte aber Frieden, kann ihn jedoch nicht bewirken. Ihre Füße (Hufe) tun weh. Sie hat schmerzende Füße und einen steifen Rücken. Sie steht viel zu lange in der gleichen Haltung, die Statik stimmt nicht, stimmt nicht mehr, weil sie gezwungen ist, so lange in der gleichen Haltung zu verharren. Davon ist sie ganz müde und lustlos geworden.

Ich frage sie nun: „Willst du, möchtest du eigentlich sterben?" Ich frage deshalb so direkt, weil sie selber mir zusendet, ich möge, dürfe sie dies fragen.

„Nein", antwortet sie, „eigentlich nicht. Ich bin so früh, zu früh weg von meiner Mutter. Ich will zu meiner Mutter. Ich will wieder ein kleines Fohlen sein wie damals neben meiner Mutter auf der Weide. Ich kann mich hier auch nicht richtig bewegen. Ich kann nicht entspannen auf so kleinem Raum. Ich brauche mehr Platz, wo ich rumgehen kann, auch nachts."

„Wie findest du die Bäuerin?"

„Sie tut ihr Bestes, aber sie versteht mich nicht in dieser Angelegenheit. Sie ist so stark (Yvonne meint dominant), sie ist so forsch. Ich bin das nicht. Ich kann nicht mithalten in der Pferdewelt und auch nicht in der Menschenwelt. Ich bin den Menschen sehr nahe – aber doch bin ich kein Mensch. Ich bin ein Pferd, doch den Pferden bin ich nicht so nahe. Wieder tut mein Rücken weh.

Ich bin nirgends zu Hause. Ich bin eine Menschenseele in einem Tierkörper. Ich bin den Menschen untergeordnet, doch weiß und fühle ich so viel. Sterben ist für mich nicht sterben. Es ist für mich, dass ich zu meiner Mutter darf und dass ich glücklich auf Lichtwiesen laufen darf. Hier auf dieser Erde ist es so viel und so lange dunkel. Vieles schmerzt. Alles dauert so lange. Das Warten dauert so lange. Warten, immer nur warten. Warten, bis einer kommt. Warten, bis sich etwas verändert. Ich möchte meine Hufe aufkratzen vor lauter Spannungen und Abwarten. Wie Kinder, die Nägel kauen, so fühle ich mich. Es gibt so wenig glückliche Stunden, so wenig dauerhafte Freude. Ich möchte auch gern ein Kind, aber – wie bei den Menschen – werden wir so schnell von unseren Kindern getrennt. Das ist nicht normal, das ist nicht richtig, das darf nicht sein.

Ich habe einfach Verlangen nach dem Pferdehimmel, den es auf Erden nur für so wenige Momente gibt. Ich muss niesen. Die Menschen wissen nicht, was mit mir los ist, natürlich wissen sie das nicht. Auch die Bäuerin weiß das nicht."

„Deshalb hat sie mich ja gefragt. Kann, wie kann sie dir helfen?" „Eine große grüne Fläche geben. Andere liebe Tiere im Stall neben mich stellen, Tiere, die mit mir reden, so wie du jetzt mit mir redest. Auch die Bäuerin kann das, sie kann das auch. Sie muss nur glauben, dass sie das kann und damit beginnen. Und wenn sie etwas gesagt hat, soll sie still sein. Wirklich still sein, bis ich antworte."

„Danke, Yvonne, ich werde die Dinge so gut wie möglich überbringen. Ich hoffe und wünsche, dass es dir hilft. Ich hoffe und wünsche, dass dir geholfen wird."

Barry

In einigen meiner Gespräche mit Tieren habe ich erlebt, dass sie sich zunächst einmal recht kritisch über ihre Besitzer ausließen. Manches Mal war ich betroffen, sogar schockiert davon.

Weil den Tieren aller Raum für ihre Auslassungen gegeben wurde, begannen sie nach einiger Zeit zu relativieren, gaben schließlich auch ihre eigenen Fehler, Unzulänglichkeiten und Beteiligungen zu.

Auch wenn das Gespräch mit Vorwürfen, Anklagen und scheinbarer Unversöhnlichkeit begonnen hatte, so endete es mit Bezeugungen von

Dankbarkeit Anhänglichkeit und unverbrüchlichen Treueerklärungen über alle Zeiten hinweg. So auch bei Barry.

„So was", er meint damit die Narkose, „schmeißt einen völlig um. So was kannte ich nicht und bin sehr, sehr böse, dass die das mit mir gemacht haben. Sie wussten doch ganz genau, wohin sie mit mir gingen und wozu. Das war doch alles ein abgekartetes Spiel, ein Betrug auf ganzer Linie, wie er ärger und böser nicht sein kann. Besonders nach allem, was davor gut zu sein schien, ich sage schien, denn die ganze Familie – Familie kann man das nicht mal nennen – war doch ein einziger Betrugshaufen.

Lügen, betrügen – das sehe ich aber erst so, nachdem sie mich dem Henker ausgeliefert haben. Obwohl – ein kleiner Zweifel ist in mir, ob sie vielleicht doch glaubten, es sei zu meinem Besten und es mir nur nicht erklären konnten. Selbst bei dem …" – er meint den Arzt – „das ist doch kein Arzt, ein Mann, der Tiere umbringt – taten sie noch so heiter, sodass ich auch dort noch hinters Licht geführt wurde.

Ich bin fertig mit der Welt. Alles läuft doch nur auf eins raus, sie machen, wann und was sie wollen. Die Mittel dazu haben sie ja, die langen spitzen ‚Dinger' – er meint Spritzen. Stellen Sie sich doch mal vor, die Liebsten, die Sie haben, begleiten Sie mit vielen guten Worten und Zärtlichkeiten irgendwohin; aus Liebe zu ihnen sind Sie dann noch folgsam und brav, Sie denken, die wollen mir helfen oder was. Ich finde nicht, dass ich zu dem Zeitpunkt Hilfe gebraucht hätte.

…Auf jeden Fall tun sie so feierlich, feierlicher geht's nicht. Ich fühlte mich als Mittelpunkt, als König, als über alles geliebtes und geschätztes Kleinod … Und sie sind selber ganz beduselt von all der gerührten Zuneigung, von der Dramatik auch, und sie, sie sind selber der Mittelpunkt, sie fühlen sich als A und O des Universums, als die, um die sich alles, aber auch alles dreht, selbst der Arzt und die …" – er meint die Sprechstundenhilfe – „sind so besonders, so anders, so persönlich, so ganz tief, getragen und feierlich, und ich, ich war davon überzeugt, dass nun etwas noch nie Dagewesenes geschieht, eine Art Einweihung, wenn ich das mal so ausdrücken soll.

Ja, ich erwartete, dass wir alle uns nach dem Einstich in einer anderen höheren Welt wiederfinden würden, und dass diese Spanne von Bewusstlosigkeit sozusagen das Boot wäre, das uns alle in das gelobte Land bringen würde.

Sie waren so feierlich (liebevoll kann ich nicht mehr sagen, nachdem ich die Konsequenzen erlebte). Die Wirkung der Spritze fällte mich, gerade mich, der sich doch erlebte, der doch lebte durch Bewegung, Aktivität. Es war der absolute Hammer.

Wenn das dazu gedient hätte, uns alle wieder zueinander zu führen, dann wäre ich einverstanden mit der nun mal unumgänglichen Methode. Aber das war eben der Betrug. Sie beförderten mich in ein Woanders. Da war ich nun ohne sie alle. Ich sah noch, wie sie meinen – nun sage ich selber – Kadaver mitnahmen und unter vielen Tränen und Leid begruben.

Der Gerechtigkeit halber muss ich sagen ‚begruben', denn sie taten es respektvoll. Sie haben mich nicht verscharrt. Eine Weile dämpfte das meine Wut, sodass ich dachte, sie hätten mich doch lieb, sie hätten doch recht gehabt und ich müsste nun nur noch eine Weile durchstehen, bis sie auch hierher kämen. Vielleicht würden sie selber alle auch noch einmal zum Arzt gehen und mithilfe von den spitzen Dingern sich selber in das Boot begeben und mir folgen. Aber nichts dergleichen geschah. Die Zeit verging und ich lag da mal und wurde langsam faul."

Ich hatte schon von Anfang des Gespräches an gesehen, dass dieser Hund in einer früheren Inkarnation als Mensch hingerichtet worden war und dass er in seiner Entwicklung wieder an diesen Punkt, an dieses Erlebnis kommen musste, um Vergleichbares noch einmal zu durchleben als Tier. Ähnliches und doch zugleich ganz anderes.

Er sagt: „Wenn die meinen, dass ich kein menschenwürdiges Leben mehr führen konnte, wenn sie es nicht aushalten konnten, mich leiden zu sehen (ich meine zwar, ich hätte noch viel mehr aushalten können), also, wenn die das meinten, so kann ich denen darin noch wohl folgen. Aber dass mir keiner die Wahrheit gesagt hat, unumwunden, deutlich, eindeutig, das verstehe ich nicht."

Ich frage nun: „Wie hätte das passieren müssen? Ich frage das auch für andere Fälle, ich meine, ich will das, was du sagst, weitergeben an Menschen, die Hunde haben, wie sie in vergleichbarer Situation verfahren sollen. Du kannst der Menschheit und auch der Tierwelt einen wertvollen Dienst erweisen, wenn du genau beschreibst, was sie in einer solchen Angelegenheit tun sollen. Weißt du, ich bin ganz aufgeregt, du bist vielleicht der erste Hund, dem das möglich ist – und so hast du nun eine grandiose Chance, dir und deinen Artgenossen zu helfen. Wie also hätte es richtig laufen müssen?"

„Wer einem der Liebste ist, der Vertrauteste, der soll sich zu einem hocken, einen streicheln, einen angucken und wenn man (das Tier) dann den Kopf niederlegt, dann soll der beginnen, etwa so:

,Schau mal, mein Schatz, mein Herz. Es ist schwer, es zu denken, und es ist noch schwerer, es dir zu sagen. Aber weil ich dich liebe, achte und schätze, muss ich es tun. Ich muss etwas mit dir bereden, das unser beider Leben grundsätzlich verändern wird. Ich möchte dich bitten, mir zu erzählen, wie du mit mir, mit uns gelebt hast. Von Anfang an bis heute.' Der soll dann ganz still zuhören.

Dann ist der selber dran, es zu erzählen. Dann kann der fragen, wie erlebst du dein Leiden, deine Krankheit bzw. deine Beschwerden. Dann soll der uns bitten zu sagen, ob wir eine Behandlung oder etwas anderes wollen. Es soll ein Wahrheitsfindungsgespräch sein.

Wenn beide übereinkommen, dass es besser ist, diesem Leben ein Ende zu machen, dann sollen wir einander danken für das gehabte Gute, und wir sollen einander verzeihen, was nicht gut war. Dann erst und erst dann sollte der Tierarzt unterrichtet werden. Dann können wir mittrauern, miteinander trauern, dann sind wir eingebunden in den Entscheidungsprozess. Dann können wir in gemeinsamer Übereinstimmung noch eine Weile miteinander leben oder miteinander den letzten Gang machen.

Es ist schon gut, dass die Tierärzte so sensibel sind, es ist so gut, dass sie es würdig und schmerzlos bewerkstelligen, darüber habe ich keine Klagen, davor habe ich Hochachtung. Der einzige Punkt, den ich anklage (anklagen ist es nun schon nicht mehr), den ich betraure, ist, dass „man" wohin gebracht wird und man kommt als was ganz anderes da raus, ohne zu wissen, warum und wieso. Das ist der Knacks, das ist der Bruch.

Da geht es den zum Tode verurteilten Menschen doch besser, ich meine, in diesem Punkt. Die wissen vorher, dass sie vom Leben zum Tode gebracht werden.

Andererseits haben wir es besser, weil unsere Menschenangehörigen uns bis in den Tod hinein streicheln dürfen. So fühlen wir die Liebe doch durch unser Fell.

Ich will mich auch nicht total doof stellen, das wäre auch nicht fair gegenüber denen, denn ganz tief innen habe ich genau gewusst, was passieren würde und weshalb wir zum Tierarzt gingen. Ich wusste genau, dass ich da nicht mehr als echter Hund rauskommen würde. Ich war nur so bestürzt, dass sie es mir nicht offen mitgeteilt haben, wo wir doch sonst immer alles geteilt haben, Liebe und Leid. Und ausgerechnet das Tiefste sollte man nicht miteinander teilen, das geht doch nicht an. Aber nun habe ich ja meine Erklärungen und Anweisungen gegeben."

Ich sage: „Das ist ganz großartig, es ist bahnbrechend, was du damit hier und heute in die Wege geleitet hast. Du bist sowieso unsterblich, und durch deine Erklärungen und Anleitungen wirst du auch in diesem Aspekt eine Richtlinie, ein Meilenstein sein im Umgang mit dieser Art Konflikt. Der Mensch hat ihn mit sich selber und mit dem Tier. Ihr selber habt offenbar den geringsten Konflikt mit dem Rübergehen?"

„Ja", sagt er, „das stimmt. Wenn wir gut angeleitet werden, können wir leicht von einem Leben ins andere springen. Es ist nur ein Schwupps, dann sind wir da, schwupps und wir sind woanders."

„Und willst du berichten, was du ‚danach' gemacht hast?"

„Ich, nein, ich schäme mich. Ich mag nicht reden. Sagen Sie zumindest denen nichts davon. Ich bin so beschämt. Ich fühle mich nun ganz anders, viel besser, so, wie ich eigentlich bin. Der Echte, der Wahre. Danke, dass ich alles so reden konnte. Ich kann noch nicht über die und mit denen reden, ich habe das so missinterpretiert, dass sie mich dort beim Arzt ...

Ich sehe das nun anders, dafür brauche ich Ruhe. Ich muss, ich möchte mich hinlegen. Sage denen nicht so viel, sage denen nicht alles. Ich will jetzt nicht mehr, dass sie Schuld fühlen. Wir müssen alle weg davon. Wir müssen klar, normal und freundlich denken und fühlen, füreinander und miteinander.

Bitte, warten Sie jetzt nicht länger auf die Beantwortung Ihrer Frage. Ich muss mich abwenden und heulen. Ich war so verstrickt in meine eigenen Gefühle, dass ich nicht sehen konnte, dass sie nur mein Bestes wollten. Und eigentlich haben sie auch ihr Bestes getan. Es hatte doch keinen Zweck mehr mit mir in dem Zustand. Ich wollte extra so beleidigt sein, bis heute. Ich wollte Rache nehmen. Ich wollte auch meinem Nachfolger, dem anderen Hund, das Leben schwer machen, dass der keine Chance kriegt in den Herzen von denen. Ich gönnte ihm keine Bohne. Ich sehe das nun anders. Ich komme jetzt zur Einsicht.

Meine Güte, was ist das Leben schwer, wenn man es sich so schwer macht. Du hast sicher gemerkt, dass ich die immer noch nicht mit Namen benennen kann. Das wird auch noch kommen. Denn so, wie die in Schuld festsaßen, so sitze ich nun in Schuld fest. Aber wir müssen alle raus aus der Beschämung.

Ich darf die nicht mehr triezen und die dürfen sich nicht mehr verrückt machen. Und sie dürfen, können nun meinen Nachfolger lieben, denn ich mache jetzt Platz. Ich bin ja doch nicht mehr bei denen im Wohnzimmer. Also soll er es sein.

Ich hatte es gut, sehr gut, es war das beste Leben von jemals, das beste Leben aller Zeiten. Und wenn ich mich jetzt dem Hundehimmel zuwende, dann bin ich ganz befreit.

Ich will doch auch nicht mehr meckern und Schuldgefühle machen. Ich habe – ich muss es zugeben – die noch gestört, sage aber nicht, wie ich das gemacht habe. Ich werde nun nicht mehr stören bei denen.

Diese Familie hat so viel gelitten, hat mehr als genug gelitten. Da will ich doch nun das meinige dazutun, dass es weitergehen kann für sie, dass, wenn jeder zu sich selber gefunden hat, wenn jeder sich neu organisiert hat, sie dann alle auch zueinander finden.

Ich bin jetzt doch erleichtert, befreit. Ich sehe Licht, eine weite Landschaft, ich laufe in die Weite hinein zu anderen Gefilden hin. Das ist meine Aufgabe. Meine Aufgabe ist nicht, kleinartig und verbohrt immer dasselbe zu veranstalten aus Rache heraus. Das kann's doch nicht sein, das darf es doch nicht sein. Leben Sie nun wohl. Sagen Sie auch meiner damaligen Familie, dass ich nun weiterziehe.

Ich danke ihr aus tiefer Seele. Wir werden uns wieder miteinander verbinden nach (Zeit-)Abläufen. Weite ... Licht ... Verstehen ... Freiheit ...“

Nachdem er, der von jetzt, geendet und sich verabschiedet hatte, sah ich ihn rückläufig in der Zeit in fünf oder sechs verschiedenen Inkarnationen, jedes Mal als Hund oder hundeähnliches Tier, als Kojote, Dingo oder Ähnliches, jedes Mal zottelig, unstet, getrieben. Durch diese letzte Inkarnation in dieser Familie kam er zu seiner Befriedung. Die Liebe der Familie machte dies möglich. Doch hatte er (noch) die Erinnerungen an seine ehemalige Exekution als Mensch neu zu erleben und zu harmonisieren.

Darum und dafür sah, erlebte ich ihn auf dem elektrischen Stuhl. Ich erlebte seine Qualen mit und begleitete ihn posthum durch seine Hinrichtung. Er bekannte mir seine mehrfache Schuld als Mörder und weinte darüber. Er weinte auch darüber, dass keine Mutter, kein Mensch überhaupt, damals über ihn oder seinetwegen geweint hätte. Er sagte:

„Jeder verdient ein paar Tränen, jeder. Ich bin nicht gern gewesen, nicht gern geworden, was ich damals war. Trotzdem war meine Strafe ‚verdient'. Trotzdem ist es (er meint die Exekution) unmenschlich gewesen …
Im Moment des Stromstoßes kochte mein Blut. Später, als ich abgekühlt war, wurde meine Haut viel zu weit. So lief ich dann auch als Hund herum. Mein Fell schlotterte um meinen inneren Körper. Ich hatte auch häufig diese Blitze in meinem Kopf, der Tierarzt nannte es Epilepsie. Als die Familie mich aus dem Tierheim geholt hatte, wusste ich, dass ich bei ihr und nur bei ihr Erlösung finden könnte.

Gleichzeitig war ich in panischer Angst, dass ich alles verscherzen und wieder zum ‚Mörder' werden könnte. Darum änderte ich die biochemischen Vorgänge in meinem Körper und entwickelte eine Entzündung in meinem Reißzahn. Ich konnte nicht mehr beißen, aber auch nicht mehr fressen. Die Mutter in der Familie schob mir das weiche Essen mit ihrer bloßen Hand in den Mund. So musste ich nicht hungern und war gleichzeitig vor meinen eigenen mörderischen Impulsen geschützt. Diese Menschen haben mich gerettet. Sie haben mich geliebt, wie ich war, und als ich gefährlich wurde, haben sie nicht zugelassen, dass ich wieder Tod und Entsetzen verbreitete, denn der Trieb war noch in mir. Sie haben unter den Umständen das einzig Richtige getan. Sie haben mich gestreichelt, sie haben um mich geweint und mich schmerzlos in die andere Welt geschickt.

Dann haben sie mich, meinen Körper, liebevoll mitgenommen und beerdigt. Auf diese Weise bekam ich so viele Liebesbeweise, so viele Wiedergutmachungen, die das, was in dem Menschenleben von damals stattgefunden hatte, heilten.

Ohne es bewusst zu wissen, schenkten sie mir Wiedergutmachung und Rehabilitation. Was mir als verurteilten Menschen damals nicht gegeben, gewährt wurde, gaben sie aus freien Stücken, aus Liebe und Mitgefühl. Das Leben bei und mit ihnen war die Wende (das Ende meiner Mörderlaufbahn). Ich darf nun weinen aus Dankbarkeit. Sie befreiten mich von dem Fluch der Tötungstat(en), von dem Wiederholungszwang.

Ich habe jetzt eine Idee: Ich will noch ein paar mal als Hund wiederkommen, vielleicht sogar bei denen, noch mehr von ihnen annehmen und lernen, sie beschützen (durch mein Gebell), sie begleiten, sie miteinander verbinden. Das scheint mir das schönste Leben, das ich (mir) denken kann. Na, das will ich dann mal tun."

Inkarnationsfolge

Wir können die Evolution einer individuellen Seele linear betrachten. Die durchgezogene Linie symbolisiert ein physisch-materielles Leben, die gepunktete Linie die „Zeit" und die Zustände zwischen den Leben.

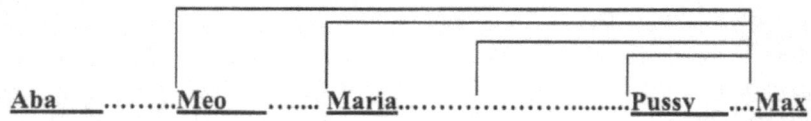

Wir können die Seele, die in verschiedenen Inkarnationen diese verschiedenen Namen getragen hat, an jedem Punkt ihrer Leben aufsuchen, gleich, ob sie zur Zeit inkarniert ist oder nicht. Wir können sie aufsuchen in den gehabten materiellen Leben sowie in den immateriellen und dann und dort mit ihnen kommunizieren.

Wenn dieses Individuum zum Beispiel traumatisiert worden ist, als es den Namen Meo trug, so können wir das Trauma von damals, das es heute als Max noch mit sich und in sich trägt, aufsuchen, wir können das Trauma heute hier und gleichzeitig damals – dort wieder erinnern, erhellen, mildern und eventuell auflösen. Das kommt natürlich dem Max von heute zugute sowie auch der Meo von damals. Sie/er muss diese alte Bürde dann nicht mehr mitnehmen in die Zwischenleben und in die nächsten Leben.

Wenn sie/er in diesem Leben das Trauma nicht auflösen kann, so hat sie/er doch in jedem Zwischenleben und in jeder folgenden Inkarnation aufs Neue die Chance dazu. Jeweils und jeweils und jeweils, bis es auch ihr/ihm glückt.

Es gibt wohl Tierhimmel, jedoch nicht Tierhöllen.

Die Wesen, die ich in den niederen Sphären, in denen ich Menschenseelen besuchte, also in den Höllen, wahrnahm, die Merkmale von Tieren hatten –vollständige Behaarung, Schwänze, Flügel, Hufe, Tiergebisse – haben mit der Gattung Tier nichts zu tun. Hierbei geht es nur um Tierattribute, nicht um Tiere selbst.

Eine Seele, die „aggressiv" ist, darf im Tierkörper inkarnieren und ein Tierleben führen, in dem sie genau diese Triebe und Impulse ausleben kann. Ihr Leben ist dann frei von (un-)moralischen Wertungen. Wenn es tötet, wird dies nicht als Mordlust bezeichnet, sondern neutral als Instinkt, es ist eben die Tiernatur.

Das Tier darf „es" nicht nur tun, seiner Natur entsprechend muss es das sogar tun. Es ist allemal leichter zu akzeptieren, wenn ein Tier tötet, selbst wenn es einen Menschen tötet, als wenn ein Mensch einen anderen umbringt.

Im zivilen Leben handelt man sich durch Morden viel Ärger ein: Verfolgung durch die Justiz, Erschrecken der Mitmenschen, Ausstoß aus deren Gemeinschaft, Haft, Schuldgefühle, eventuell zieht man Blutrache auf sich. Gute Gründe, um das Morden auf ein Tierleben zu verlagern.

Es kann sein, dass ein wildes Tierleben auslangt, um die Mordlust zu befriedigen und alle nötigen Erfahrungen zu machen, es kann auch sein, dass es notwendig ist, viele solcher Leben zu führen, jedenfalls so häufig, bis die Seele es wagen kann, wieder in einen Menschenkörper zu gehen.

Wahrscheinlich wird sich das betreffende Tier nach und nach in Menschennähe begeben, um soziale Fähigkeiten und moralisch-ethische Normen zu erfahren und zu übernehmen. Es wird lernen, was es heißt, du sollt nicht töten, es wird lernen, wie Mitgefühl für Mensch und Tier sich anfühlt. Es wird Gewaltverzicht üben und das Gefühl, das sich daraus ergibt, kennen- und schätzen lernen.

Eine menschliche Seele, die „sanft" ist, darf gegebenenfalls auch in einen Tierkörper gehen, um auf diese Weise Freundlichkeit, Milde und Geduld auszustrahlen. Sie kann in entsprechender Umgebung ein gemütliches Leben führen und Gemütlichkeit verbreiten.

Tiere als Helfer im Jenseits

Die Tierbegrüßung für Emanuela

E.Y. wurde mit 34 Jahren ums Leben gebracht. Hier erzählt sie für ihre Mutter ihre nachtodlichen Zustände.

„Ich war leichtsinnig. Andererseits war es meine Stunde, unumstößlich, nicht zu verändern. Man könnte sogar sagen, es war meine Bestimmung. So oder so, niemand hätte es verhindern können. Ich wurde ja als intelligent eingestuft, was auch war, was ich auch bin; ich habe einen klaren Verstand und einen wachen Geist. Und doch ... was ich vorher getan, was ich nicht bedacht, was ich nicht verhindert habe, das wurde mir zum Verhängnis. Aber wie ich vorhin schon sagte, es konnte nicht anders sein. Komisch, früher kannte ich so etwas nur aus Kriminalromanen; nun saß ich selber mitten in einem und war auch noch die Hauptperson. Meine Güte, was war das für eine Beerdigung! Nicht zu glauben, fast nicht auszuhalten, und dass dies alles mir galt!

Das Leben damals war nicht lang genug, ich bin gar nicht zurande gekommen damit, ich hatte ja kaum begonnen. Wie sollte ich das Ganze schon wieder verlassen!?

Ich bin lange gewandert über grüne Weiden. Ich mag das Land der Weiden, wo die Sonne so klar scheint, ich mag diese Sonnenunter- und -aufgänge. Es war lange meine Beschäftigung, die anzusehen. Das war mein Trost. Dabei fühlte ich mich am wohlsten auch beim Laufen.

Ich glaube nicht an das, was die Religion mich/uns gelehrt hat, aber an Engel, an Höheres und an Gerechtigkeit glaube ich schon. Wenn meine Mutter bei Ihnen ist, machen Sie keine Interpretationen, das kann ich nicht leiden. Halten Sie sich haarscharf an die Wahrheit. Und gucken Sie selber keine gruseligen Fernsehfilme, das tut Ihnen nicht gut! Sie können das nicht brauchen, Sie haben schon genug am Hals.

Ich lese jetzt Ihren Gedanken, Sie fragen sich, warum ich nichts von dem ‚Vorfall' erzähle. Ich habe keine Lust, darüber zu reden. Er existiert für mich praktisch und faktisch nicht. Es geht mir nicht schlecht, echt nicht, obwohl, was ich erlebt habe, möchte ich keinem wünschen. Echt nicht.

Ich habe alles mit angesehen, die polizeilichen Ermittlungen, die Fassungslosigkeit meiner Angehörigen … Ich konnte es nicht länger mit ansehen und schwebte dort weg. Wohin? In einen Garten mit weißen Rosenhecken und Rosentoren. Großblättrige grüne Gewächse wuchsen dort. Viele Vögel sangen, ich sah Igel, Eichhörnchen, Häschen und andere putzige Tiere. Sie traten aus der Umgebung hervor, sie schnüffelten an meinen Füßen, an meinen Händen und setzten sich auf meine Schulter. Dann kamen auch die größeren Tiere, sie traten in meinen Gesichtskreis. Rehe blickten ruhig, fast traurig, aber doch so unglaublich lieb auf mich, dass ich schon wieder lachen musste.

Es war so schön, so süß. Und es war, weil ich es verdient hätte; so sagte mir eine Stimme. Nicht jeder bekommt die Tierbegrüßung, das Willkommen der Tiere, die so unschuldig sind, so würdig, so lieb. Ich durfte das erleben, mir wurde das zuteil. Das war etwas ganz Besonderes. Darüber vergaß ich den ganzen … Aufruhr, das Ungemach, das Verbrechen.

Ich will das letzte Wort nicht in mir hochholen. Ich werde es schnell wieder vergessen oder wegwischen, denn es macht alles viel schlimmer. Vor allem lässt es nicht zur Ruhe kommen, denn es zeigt auf den ‚Schuldigen', auf den Täter.

Also, nun erzähle ich mal der Reihe nach, was ich jetzt so mache. Ich verbringe ‚drei oder fünf Tage' in diesem Rosengartenhimmel. An den Toren, den Eingängen stehen Seraphime, falls ihr wisst, was das ist. Es sind lichterblitzstrahlende Erscheinungen, die das ganze Areal abschirmen. Alles ist ausgegrenzt, was Beunruhigung oder schmerzhafte Erinnerung bringen könnte. Gleichzeitig werden dort diejenigen meiner Gedanken ausgegrenzt, die normalerweise Erinnerungen heißen. Dort – hier ist einfach Zustand.

Ja, was war und bin ich erleichtert, immer schwebe ich mit Teilen meiner Person, meiner Identität, meines Wesens dort herum. Dort ist mein Stammplatz, mein Hort, bei diesen unbeschreiblich guten Tierwesen.

Auch den Hund von damals habe ich dort – hier um mich. Er macht immer Streiche und läuft wie ein Bekloppter hinter anderen Tieren her, aber jeder weiß, dass er Spaß macht und macht mit und amüsiert sich dabei. Es laufen hier auch kleine Wesenchen, Klabauterchen auf den Gartenwegen, und bei den Wasserstellen gibt es Sylphchen. Alles hier ist schönst geordnet und harmonisch. Ich sitze auf Gartenbänken und fühle mich wohl.

Mit anderen Teilen von mir gehe ich woanders hin, wo es nicht (so) schön ist, immer in Begleitung. Ich sehe die Begleitpersonen nicht richtig, aber ich fühle sie neben mir. Sie fühlen sich warm, herzlich, freundlich und weiblich an. Sie sagten, dass es weiblich orientierte Wesenheiten sind, weil man keine neue Panik in mir erwecken will, weil mich doch ein Mann ... Sie begleiten mich dorthin, wo ich noch alte Schmerzen zurückgelassen habe, zum Beispiel in der Pathologie. Dort erlebe ich in Ansätzen noch einmal die Angst, die ich dort erlebte, die ich dort hatte. Diese Angstteile lösen sich bei jedem Besuch dort etwas mehr auf, bis sie ganz weg sind.

Dankbar habe ich dort erfahren, dass die eine Person, die dort ihre Arbeit (an, mit, wegen mir) verrichtete, voll Respekt und Anteilnahme war. Das hat mir gut getan, das hat mir geholfen in all dem Elend. Wenn meine Schreckensanteile, die (damals – und nun kann ich schon sagen damals, weil der Ablauf von Zeit eine immer deutlichere Rolle spielt für mich auf meinem Erinnerungsweg zurück in die Vergangenheit und wieder vorwärts in die Gegenwart) in der Pathologie zurückgeblieben sind, ganz aufgelöst sind, dann kommt ein anderes Problemgebiet, ein anderes Problemereignis dran.

Ich habe es hier schon ganz schön gut, ich bin in bester Obhut und in sanftesten Händen. Es fehlt mir wirklich an nichts. Ich seufze nun erleichtert auf, denn nach allem, was damals passiert ist, ist dies doch eine so schöne Welt. Ich habe – noch – keine Menschengenossen oder -genossinnen. Das soll auch so sein, denn ich verdiene es erst mal, Vertrauen und Ruhe zu finden in der unbemenschten Natur. Das ist hier so vorgesehen für mich ‚von oben'. Das ist Vorsehung, die mich nun schützt und beschützt.

Was ich nicht bin: Ich bin nicht bitter oder nachtragend. Sollen die Menschen ihre Gerechtigkeit ausüben oder sollen sie es lassen, für mich macht es keinen Unterschied. Für mich ist einzig von Bedeutung, dass ich niemals, niemals, niemals mehr in solche Umstände geraten darf wie damals.

Und das liegt an mir selber. Zu der ‚Angelegenheit' selbst möchte ich mich nicht äußern. Ob das noch kommt oder nötig ist, lasse ich offen. Hier wird jeweils nur so viel zur Sprache gebracht, wie erträglich und verträglich ist.

Mutti, Mama, Mutter, ich möchte dich nicht direkt ansprechen, denn dann würde ich weinen müssen. Ich mag auch nicht die anderen Familienangehörigen ansprechen oder über sie reden. Es ist noch zu frisch, es würde noch zu viel hervorholen. Die Genesung soll überwiegen, nicht die Erinnerung an meine letzten … Ich möchte auch inhaltlich nichts dazu sagen.

Ich weiß nur eins, ich habe dich ganz schrecklich lieb und das wird auch so bleiben. Ich werde dich auch von hier aus besuchen und nicht aus den Augen lassen. Eines ‚Tages' wirst du mit mir hier diesen herrlichen Garten genießen. Hörst du die Brünnchen fließen und das Wasser die Kaskaden hinunterströmen? Das wird dann unsere Erkennungsmelodie sein. Ich grüße dich, ich liebe dich, ich umarme dich. Mehr will ich nicht. Wir haben genug geheult. Fahre fort, Dinge zu tun, zu planen, zu machen.

Hauptsache, du tust erst mal was. Mach es dir gemütlich, so gemütlich es eben geht, und lasse dich durch merkwürdige Leute und deren Meinungen nicht aus dem Gleichgewicht bringen. Okay? Bis dann! Deine Emanuela."

Oma Frieda und die Vögel

Oma Frieda, gekommen 1901, gegangen 1974

„Da hätte ich doch gar nicht mit gerechnet, dass mir die Ehre und die Liebe zuteil wird, dass ich hier aufgesucht werde von dir (auf deine Veranlassung)." So spricht Oma Frieda ihre Enkelin Lotte an, als ich sie aufsuche.

„Weißt du, mir geht es hier nicht schlecht, eigentlich ist es wunderbar hier, aber ich kann das noch nicht so richtig genießen. Es ist, als ob du in einem wunderschönen Garten sitzt mit Springbrunnen und allem, Wasser fließt in Kaskaden, es ist wunderschönes Wetter, andere gute Menschen sind auch da, Verwandte, die man am meisten gemocht hat. Man hat mir gesagt, die anderen seien auch da, aber woanders. Na ja, die Liebsten sind wenigstens hier und auch Bekannte. Aus meiner Schulzeit sind etliche Mädchen hier. Wir machen gerne Handarbeiten. Wir machen auch so eine

Art Volkstanz. Wenn wir müde sind, lehnen wir uns zurück in unseren Schlafsesseln.

Vögel, ich sage dir, Vögel sind hier, Vögel sind hier, wie du sie noch nie gehört hast. Sie singen zu gleicher Zeit nicht nur einen Ton, sondern eine ganze Reihe von Tönen gleichzeitig. Das ist – ich darf nicht sagen unglaublich, denn es ist ja wahr, unbeschreiblich schön ... So dumme, ich sollte besser sagen unwissende Wörter wie ‚unglaublich' dürfen, wollen wir hier nicht mehr gebrauchen.

Also, diese Vögel singen nicht nur die Töne, zu gleicher Zeit sind die Töne farbig in allen Regenbogenfarben; Töne und Farben sprudeln aus dem Schnabel, steigen in den Morgen hinauf und senken sich wieder auf uns, die Lauschenden. Für uns wird das dann zu einem Blütenteppich, auch noch verbunden mit herrlichen Düften.

Nun weißt du, wie ich es hier habe, und dass du glücklich sein kannst, mich hier in dieser Obhut und Schönheit zu wissen. Wir hier sind in einer Phase, da wir noch sehr viel Erholung bekommen, da wir doch – ich will mal sagen – alle ziemlich angeschlagen waren vom Leben.

Dies bedeutet keine Klage, das Leben ist nun mal so, das betrifft jeden. Durch die Schönheit um uns herum und durch den Gesang der Vögel sind wir so gestärkt und erfüllt, dass wir uns in den Nachdenkzeiten erinnern können, was auf Erden zu schwer, was nicht gut war.

Ohne Urteil erlernen wir zu erkennen, was von anderen uns gegenüber nicht richtig war und von uns aus anderen gegenüber. Es erleichtert sehr, das aufzurollen in der hiesigen Geborgenheit.

Hier bei mir sind lauter Gleichgesinnte. Das ist gemütlich. Wir greifen einander nicht an, wir stören einander nicht, im Gegenteil, wenn einer von uns eine schwere Erinnerung oder Einsicht hat, dann sind wir ganz still und andächtig und hören dabei zu.

Wir versichern immer unser Mitgefühl. So helfen wir einander gegenseitig. Die höheren Wesen, die ihr auch wohl Engel nennt, sagen uns, dass wir fast die ganze Arbeit alleine machen würden und das auch könnten.

Sie stehen manchmal im Kreis um uns herum und lächeln nur. Wenn sie einen Neuen bringen, dann führen sie den ein, bis der in unsere Gruppe passt, und dann bleibt der bei uns und gehört zu unserer Familie. Versteh mich bitte, dass ich hier und jetzt und zu dir nicht über Familienangelegenheiten reden möchte. Ich bin hier eingebunden in einen so schönen und vollkommenen Gesundungsplan, dass ich darin bleiben möchte und nicht durch irdischartige Emotionen Erschütterung da hineinbringen möchte.

Ich sehe dein Verstehen jetzt an der Farbe, an dem Licht in deinem Kopf. Danke für deine Zustimmung. Du bist auf dem guten Weg. Stille stehen bleiben, ruhig werden, nach innen horchen und dort die Antworten suchen.

Ich möchte mich jetzt und hier nicht zu sehr eingeben, denn ich fühle viel Herzeleid um dich. Nun muss ich erst mal weinen und das darf ich auch. Mein Schätzchen, mein Liebchen, mein Herzchen.

Ich halte dich auf dem Schoß. Ich schaukle dich. Ich werde die hier bitten, die Höheren, dass sie auch dich einbeziehen in den Heilsplan, ich meine in den Heilsplan, der mir gilt. Dann kommt alles, was ich hier erfahre, auch dir zugute. So sind wir denn auch weiterhin verbunden. Sei dessen gewiss.“

Vereinigte Bewusstseine

Hektor

Dies ist kein Bericht über Hektor, einen Hund, sondern von Hektor.

Er beginnt mit seinen Erlebnissen mit den beiden Menschen, mit denen er 1989/90 zusammenwohnte, zeigt dann Bilder aus früheren Inkarnationen von sich, auch als Hund. Danach spricht er nicht nur als Individuum Hektor, sondern stellvertretend für die ganze Hundewelt. Er macht sich sozusagen zum Sprachrohr seiner Gattung, wenn er seine Erinnerungen als Wolf „zu Gesicht“ bringt und dann das Thema „Züchtung“ und die Folgen davon „zu Gehör“ bringt.

Ganz aktuell lässt er sich auch aus über Hunde, die Menschen angreifen, Kampfhunde beispielsweise. Schließlich kommt er zu Lösungsvorschlägen für die Beziehung zwischen Hund und Mensch.

Anlass zu dem mentalen Gespräch mit Hektor, das etwa zweieinhalb irdische Zeitstunden dauerte, war das dringende Ersuchen seines „Besitzers" von 1989/90. Dieser hatte große Reue, weil er, wie er sagte, Hektor seinerzeit nicht gerecht geworden war und ihn schließlich weggegeben hatte, in unbekannte Hände. Nach meinen mentalen Gesprächen fand er jedoch keine Zeit, sich die Informationen des Hundes bei mir abzuholen, geschäftliche Probleme und Aktivitäten drängten sich in den Vordergrund.

Mentaler Besuch bei Hektor

Hektor krümmt sich zusammen, er hat fürchterliche Schmerzen. Nun wird ihm auch noch übel. Wollte jemand ihn vergiften? Er durchsteht alle diesbezüglichen Qualen. Im Grunde ist es aber der Ausdruck dessen, was „Herrchen" und „Frauchen" zusammengebraut haben. Diese haben gedacht, sie könnten sich alles erlauben, ohne sich an ein Gesetz zu halten, ohne sich eine Norm, eine Ordnung aufzuerlegen.

Hektor lässt einen Klagelaut hören. Er, der eigentlich von den beiden lernen wollte, wurde in Mitleidenschaft gezogen durch ihr Tun und Treiben. Es machte ihm viel aus, wenn die beiden so merkwürdig unberechenbar wurden; er mochte nicht diesen komischen Geruch (Alkohol), der das ankündigte. Der war ihm zuwider, weil er wusste, dass gleich darauf kein Kontakt mehr möglich war. Dann hatte er niemanden mehr, mit dem er hätte kommunizieren können. Die beiden waren in eine Realität eingetreten, die keine war und der er deshalb auch nicht folgen konnte. Die dann folgenden Streits zwischen Herrchen und Frauchen waren ihm ein Schrecken.

Er, Hektor hatte in früheren Inkarnationen schon Begegnungen, in denen er sich buchstäblich verheddert. Nun ist er zu sehen mit in Stricken und Tauen verhedderten Pfoten, und jetzt liegt er gestorben auf Gras, friedlich mit halbgeöffneten Augen. Nun beginnt zu mir zu sprechen:

„Nein", sagt er, „ich mache das (so) nicht (mehr) weiter (mit). Nicht so. Nicht ich. Ich bin ein Hund. Ich war ein Wolf. Eigentlich ein Tier, das (mit) zur Krone der Schöpfung gehört. Dies (was hier abgelaufen ist) finde ich entwürdigend, erniedrigend, meiner nicht würdig."

Auf meine Frage, ob er die einzige Krone der Schöpfung sei oder ob andere Tiere ihm gleich wären, antwortet er:

„Das kommt darauf an. Ich und die Meinen sind die Höhergestellten. Wir waren schon hochgestellt, und durch die Behandlung durch den Menschen und bestimmte Eingriffe wurden wir noch vortrefflicher. Wir und gerade meine Rasse wurde zur Krone der Hunde – aber auch der ganzen Tierschöpfung hinaufkatapultiert. Ich und einige Wirs sind es, die den Wert unserer Rasse bestimmen.

Es fing vor langer Zeit an. Vor langer Zeit. Der Mensch selber war damals auch noch nicht verzüchtet. Seine Laute waren den unseren noch viel ähnlicher; er brüllte, wenn es ihm schlecht ging oder wenn er wütend war, und brummte, wenn er sich wohlig fühlte. Ich sehe nun den Schein des Feuers in der Höhle, in der wir lebten, die Mannen, die Weibchen und die junge Brut. Wir lebten alle zusammen. Alles war, wie es sein muss(te).

Warum ist danach bloß alles schiefgelaufen? Das raue, aber wahrhaftige Paradies wurde verändert, als der Mensch stolz und stolzer wurde. Ich möchte den erwischen, der als erster uns/mich zerschnitten, verstümmelt und mit dein Gedanken infiltriert hat, dass dies zu meinem und seinem Besten geschehe, dass es aus Liebe geschehe und dass ich dann, wenn das Endprodukt, also ich, vollkommen sei, teilhaben würde an seiner Art. Uns wurde weisgemacht: Wenn ihr euch diesem unterzieht, dann werdet ihr sein wie wir, der Mensch.

Statt dessen war es Pustekuchen. Wir waren nur die Produkte seines Stolzes, seiner Übermacht, seiner Manipulation. Ich schwöre euch, wenn ihr die Urheber nicht zur Rechenschaft zieht, dann werden eure Taten euch verfolgen. Nämlich wir werden das Recht, das Heft in eigene Hände nehmen. Ich sage nicht einmal mehr Pfoten, denn i h r seid es doch, die uns am liebsten am Tisch sitzen und mit Messer und Gabel essen seht, damit ihr uns euren Un-freunden, die ihr eure Freunde nennt, vorstellen könnt.

Nicht was wir leisten und vollbringen, sondern was ihr geschafft habt, wie weit es euch gelungen ist, uns zu manipulieren, das wollt ihr sehen lassen.

Ich verspreche euch – schwören dürfen wir nicht, denn wir sind ja (nur) Tiere –, also ich verspreche euch, unsere Rache wird fürchterlich. Den Beginn davon habt ihr kürzlich schon erlebt. Die Zähne, die ihr uns angezüchtet habt, werden euch zerreißen und euer Fleisch wird uns schmecken. Wir sind eurem Betrug aufgesessen.

Ich muss zugeben, weil wir an der Macht, an eurer Macht teilnehmen wollten. Aber, und das ist der entscheidende Punkt, es geschah (auch) aus Liebe. Wir haben uns euch aus Liebe zur Verfügung ...

Und an dieser Stelle kann ich nichts anderes tun, als mich so, wie es noch ganz in mir schlummert, hinkauern, meinen Hals strecken und den Schrei des Wolfes, des Urhundes ausstoßen.

Eigentlich haben wir diese Entwicklung nicht so gewollt. Wir möchten nicht triebmäßig kleine Kinder, schwangere Frauen und alte Leute zerfleischen. Es ist ein unglaubliches Leid, diesen Trieb in sich zu fühlen.

Früher gab es einen gesunden Urtrieb, der das Überleben sicherte. Aber hier und nun ist nichts mehr natürlich. Es gibt doch Futter genug, wir leiden keine Not und keine Entbehrungen.

Könnt ihr euch vorstellen, wie furchtbar es ist, in einem Körper zu leben, der ursprünglich ganz andere Maße hatte? Wir fühlen fortwährend die ursprünglichen Maße:

Meine Beine sind zu kurz, meine Beine sind zu lang; ich möchte lauschen, aber ich habe keine Ohren, um sie aufzustellen; meine Geschlechtsorgane stimmen nicht; ich freue mich, aber ich habe keinen Schwanz zum Wedeln.

Täglich, stündlich erleben wir die Qual, in einem von einer anderen Macht aufgezwungenen Körper zu leben. Könnt ihr euch vorstellen, wie hilflos, wie ohnmächtig, wie böse das macht? Die Form meines Körpers ist eine ganz andere, als die, die ich fühle.

Und eines ist mir absolut bewusst, das haben wir nicht selber so gemacht, dazu hatten wir gar keine Mittel und Möglichkeiten. Das hat der Mensch gemacht. Er hat uns nicht nur nach seinem eigenen Gutdünken Organe ein- und ausgepflanzt, er hat noch etwas anderes in uns hineingezüchtet: Depression und Aggression. Auch dafür hat er Pillen und Tropfen, die er uns (ein)gibt. In wenigen Jahren wird er uns Mikrochips einpflanzen, um uns dann vollkommen zu beherrschen, zu kontrollieren und zu manipulieren.

Nein, nein, nein, lieber Mensch! Lass uns zurückgehen! Lass uns sein, bevor ...

Ich, und soweit ich mental Zugang habe zu meinen Artgenossen, wir möchten immer noch die friedliche Lösung, nämlich diese: Veranstaltet keine weiteren Züchtungen. Lasst es von nun an, wie es ist. Verändert jetzt nichts mehr. Ihr müsst vielleicht oder sicher das eine oder andere Tier töten, weil die Aggression, die ihr ihm angezüchtet habt, nicht mehr zu kontrollieren ist, aber es kommt darauf an, wie ihr das tut. Tut es nicht als Strafe, sondern als traurige Notwendigkeit. Bittet das betreffende Tier um Verzeihung. Seid human. Verzeiht ihm auch.

Vollzieht das Töten, den Tod, als heilende, als heilige Handlung, damit diese Tierseele nicht erneut einen Schock mitnimmt in das andere Bestehen.

Meine lieben Mitmenschen, wenn ihr das Drohende noch aufhalten wollt, dann handelt in dieser Art und Weise. Ich setze euch hier nicht auf die Anklagebank. Ihr habt euren Teil – wir ebenso. Lasst uns die Zeit im Geiste zurückdrehen und von vorne beginnen in Einfachheit, Würde und Natürlichkeit."

Nach diesen Sätzen erweitert sich Hektors Bewusstsein, andere Bewusstseine gesellen sich dem seinen hinzu, und gemeinsam sprechen sie weiter.

„Nicht nur wir sind verzüchtet. Ihr selber als Menschenrasse seid auch schon (gen-)manipuliert worden. Vor langer Zeit. Damals haben Unirdische das Gen (den Geist) der Trennung und Spaltung in euch eingesetzt. Daraus sind die Unterschiede entstanden; Unterschiede und Differenzen in jeder Hinsicht und auf allen Gebieten. Bis dahin waren Denken/Fühlen/Wollen/Tun eins.

Jeder begriff sich und die anderen. Das heißt, der/das andere wurde als anders nicht wahrgenommen. Darum war es nicht anders. Durch die Einpflanzung des Trennungsgens entstanden die Differenzen. Hass, Neid, Eifersucht kamen in die Welt. Es bildeten sich Rassen, Religionen, politische Strömungen.

Rassen, von denen eine jede sagte: Ich bin die Beste. Religionen, von denen eine jede sagte: Ich bin die einzig wahre. Politische Strömungen, von denen eine jede behauptete, dass sie der Welt das Größte zu bieten hätte. Überall ging es um Macht.

Sprachen trennten sich aus der Einheitssprache und trennten die Wesen. Die Verschiedenheit der Geschlechter bildete sich aus und wurde hervorgehoben. Nicht das Gleiche oder Ähnliche wurde betont, sondern das andere. Die Folgen davon sind, wie ihr es nennt, Beziehungsprobleme auf breitester Ebene. Das ganze Elend begann. Die Menschheit hat seitdem verzweifelt versucht, Einheit wiederherzustellen.

Auf dem Gebiet der unterschiedlichen Rassen durch die Deklarierung des Weltbürgers, auf dem Gebiet der verschiedenen Religionen durch das Proklamieren von einem Einheits- oder Antigott für alle. Auf politischer Ebene gaben sowohl Kapitalismus als auch Kommunismus und Sozialismus an, die Werte von Einheit, Gleichheit, Brüderlichkeit zu verwirklichen. Auch monarchistische Staatsformen taten das.

Das Bestreben nach Einheit und Gleichheit kam auf Beziehungsebene zum Ausdruck in der Gründung von Kommunen, Wohngemeinschaften. Homosexuelle Frauen und Männer versuchen, die Einheit wiederzufinden bei ‚der gleichen Art', während Transsexuelle sich zwischen den Geschlechtern bewegen.

Glaubt mir, es gibt so gut wie nichts auf der Erde, das nicht bestrebt wäre, sich zu ver-einigen. Bei allen Unternehmungen des Menschen ist das Verlangen nach Einheit im Spiel. Selbst im Nichts wird Zusammenschmelzen gesucht. Es ist noch eine vage unterbewusste Erinnerung vorhanden an die Zeit, bevor wir alle zwei wurden.

Was war damals bei der Genmanipulation der Unirdischen deren Absicht? Sie wollten stören und verstören. Sie wollten Macht. Wie kann man am besten beherrschen? Indem man in die Gemüter den Samen der Uneinigkeit hineinpflanzt. Rivalisierende Einzelpersonen, Paare, Gruppen müssen sich doch ununterbrochen mit Auseinandersetzungen beschäftigen. Sie kommen ab vom Evolutionsweg der Liebe.

Aber ... die Menschheit damals hat mitgemacht – entweder aktiv, indem sie die Beeinflussung begrüßte, oder passiv, indem sie sich ihr unterworfen hat. Die katastrophalen Folgen trägt ihr bis heute. Es kann kein Friede, keine Harmonie „kommen", denn ihr seid gesteuert, von damals her gesteuert, von unlauteren Absichten, man kann auch sagen von Spaltungsgeistern.

Fühlt sich das wahr an? Noch etwas dürft ihr nicht vergessen: Je öfter ihr (gen-)manipuliert werdet, umso schwieriger ist es für euch, euren wahren Kern wiederzufinden. Und es ist nötig, dass ihr euren ursprünglichen

Kern wiederfindet, wenn ihr zurück zur Wahrheit wollt. Jedes Wesen soll, wird, muss zurückgehen bis zum Zeitpunkt vor dem Eingriff, um dann wieder verbunden mit seinem wahren Wesenkern aufs Neue den Weg der Evolution der Seele zu beschreiten. Zurzeit stehen die Chancen dafür gut.

Ihr Menschheit habt euch inzwischen so weit fortentwickelt, dass ihr die Prinzipien von Kampf und Wettbewerb auf der einen und die von Freiheit und Gleichheit auf der anderen Seite erkannt habt; ihr steht auf der Schwelle, diese Prinzipien nutzbringend anzuwenden. Damit wäret ihr jetzt logischerweise soweit, langsam, langsam die Trennung zwischen der rechten und linken Gehirnhälfte aufzulösen und beide miteinander kommunizieren zu lassen. Und jetzt, ausgerechnet jetzt, anstatt dies zu tun, praktizieren eure Wissenschaftler mit Genehmigung oder Billigung der Politiker und der Bevölkerung eures Planeten Genmanipulation. Das heißt, ein neues Kapitel der Trennung wird eingeläutet. Besonders hinterhältig dabei sind die Begründungen, mit denen dem Volk Sand in die Augen gestreut wird.

Zum wievielten Male – und nun erneut – entfernt sich der Mensch von seinem wahren Kern oder lässt sich davon entfernen? Aber ein Großteil von euch will das ja so. Wissenschaftler, Nutznießer, Billiger, Gutheißer, Indifferente, sie alle sind mit von der Partie. Zuerst sagt die Wissenschaft: Macht euch keine Gedanken, wir tun nichts. Später sagt sie: Macht euch keine Gedanken, wir haben es schon getan.

Genmanipulation ist: Erneut den Sündenfall vollziehen, am organisierten Bösen teilnehmen.

Wollt ihr euch Menschen, Institutionen und Entwicklungen anvertrauen, die zum Ziele haben, Menschen in wertvolles und wertloses Menschengut einzuteilen und Letzteres erbarmungslos zu eliminieren bzw. als Sklaven zu halten? Wollt ihr euch denen anheimgeben?

In der spirituellen Welt gibt es keinen Unzurechnungsfähigkeitsparagrafen. Eure Computersysteme mögen zusammenbrechen, im Buch der Leben jedoch ist und bleibt alles verzeichnet, nichts geht je verloren und nichts verjährt.

Verantwortlichkeit bleibt bestehen. Mir kann es ja egal sein, was ihr macht. Nein, egal ist es mir nicht und egal ist es auch nicht. Es ruft eine tiefe Trauer in mir hervor, wenn ich euch zum soundsovielten Male in die Irre gehen sehe. Es schmerzt mich entsetzlich." KLAGELAUT!

Die Stimme fährt fort: „Aber, das ist nun mal so, unser Vorsitzender, der Allerhöchste, hat den freien Willen in uns, in euch hineingelegt. Wenn ein Teil der Menschenrasse denn nun glaubt, er müsse alles erreichen und alles erringen durch künstliche Eingriffe und der andere Teil dem nachrennt, um ebenfalls teilzuhaben an der Macht, dann bleibt uns nur eines: Uns bewusst in einem geistigen Willensakt davon abzugrenzen. Denken und dann nachdrücklich erklären: Dies ist nicht mein Wille, nicht mein Weg. Ich segne das, wovon ich mich distanziere, überlasse es sich selber und folge meinem Weg.

Dies hat zur Folge, dass diejenigen Menschen, die diese Willenserklärung abgeben, in keiner Zukunft mit Genmanipulationen und deren Folgen zu tun bekommen. Sie werden weder Klon noch menschlicher Roboter noch Zuchtembryo. Ihre Gene bleiben in der ursprünglichen Kette (Folge) erhalten und mit dieser ihnen eigenen einmaligen (!!!) Kette werden sie sich weiterentwickeln. Ihre Gene werden nicht selektiert, nirgendwo aus- oder eingepflanzt werden.

Menschen, die diese Willensentscheidung treffen, werden auch nicht an planetarischen Kriegen teilnehmen, sie brauchen keine Weltraumeskapaden. Sie brauchen überhaupt keine Kriege, keine Eroberungen, keine Macht. Kraft statt Macht.

Sie sind sich selber genug. Auch streben sie nicht nach physischer Unsterblichkeit. Sie sterben einfach ganz normal in dem Bewusstsein, dass sie eh unsterblich sind.

Wenn ihr euch gegen Genmanipulation entscheidet, so kann das in der irdischen Realität sehr wohl lebenslange Folgen haben. Es kann bedeuten, in diesem Leben auf Kinder zu verzichten (glücklicherweise haben wir – habt ihr ja nicht nur dieses eine Leben). Es kann zur Folge haben, ein behindertes Kind durchs Leben zu begleiten, eine unausweichlich zum Tode führende Krankheit zu akzeptieren, den geliebten Partner – die Partnerin leiden und schließlich sterben zu sehen. Die Entscheidung kann Blut, Schweiß und Tränen kosten ein irdisches Leben lang.

Wenn ihr diesen Weg geht, werdet ihr mit Fragen konfrontiert werden, auf die ihr erst eine Antwort finden müsst. Was werdet ihr antworten, wenn ihr gefragt werdet: ,Wollen Sie durch Ihr Veto den Tod dieses unschuldigen Kindes verursachen?' ,Wer gibt Ihnen das Recht, diesen potenziellen Eltern ein eigenes Kind abzusprechen?'

Fragen über Fragen werden auf euch zukommen. Doch wenn ihr euch für die Wahrheit entschieden habt, werden die Antworten euch zufließen.

Ich als Hund (und nicht nur als der) weiß, wovon ich rede, denn schließlich war meine Art ja mitbeteiligt an Züchtungen. Genforschung ist im Grunde nur die Fortsetzung davon. Was damals als künstliche Veränderung begann, wird nun auf die Spitze getrieben; wenn diese Technologie weiter fortgeführt wird, werdet ihr in einiger Zukunft nicht mehr unterscheiden können zwischen einem Menschen und einem Roboter. Dem Menschen werden robotereigene Attribute beigegeben werden und dem Roboter menscheneigene. Der Roboter kann in einen Menschenkörper installiert werden und der Mensch in einer Robotergestalt leben.

Wie, um Himmels Willen, wollt ihr diesen Wahnsinn jemals wieder entwirren? Wahn verbindet sich in diesen Kombinationen mit Wahn. Weitere Äonen entfernen euch dann von eurem Ursprung, von der Wahrheit.

Wie damals, bevor ihr von den Unirdischen manipuliert worden seid, wie damals, als ihr meintet, ihr müsstet uns verzüchten, so steht ihr heute wiederum vor der Entscheidung:

Wollt ihr im Grunde vollkommene Wesen verändern, bis sie selber nicht mehr wissen, woher sie kommen und wer sie sind?

Vielleicht haben die Unirdischen damals in euch hineingepflanzt, dass ihr nach Ablauf von Zeiten, also jetzt, selber das weitergebt, wie in euch als Keim hineingelegt wurde?

Vielleicht ist ein Teil von euch deshalb so begeistert an diesen wissenschaftlichen Projekten beteiligt, eben weil dieser alte Auftrag nun zum Leben erwacht? Technik und Wissenschaft sind nun in der Lage, ihn auszuführen. In diesem Falle würde die Formel heißen: Sie tun es, weil es an ihnen getan worden ist und weil der Auftrag dazu in sie eingespeichert wurde.

Und doch bleibt die Eigenverantwortung. Jeder Beteiligte hat die zu 100 Prozent. Egal, ob ihr eine Sekunde, ein Jahr, 100 oder 100 Millionen Jahre alt seid. Seele und Geist haben kein Alter. Sie haben ewiges Sein. Verantwortung für sich, das All und die Ewigkeit besteht in jedem Moment in jeder Verkörperung.

Also, lieber Mensch, was sollen wir machen? Lasst uns die Zeit im Geiste zurückdrehen und von vorne beginnen in Einfachheit, Würde und Natürlichkeit."

BSE-Rinder und MKS-Schweine

19.4.2001

Gerade will ich zum Einkaufen, da höre ich Hunderte von Rindern unten auf der Straße trappeln, einzelne blöken. Ich schaue aus dem Fenster und sehe sie dicht aneinandergedrängt wie ein schwarz-braun glänzendes Band von Rücken vorbeiziehen. Offenbar haben sie gespürt, dass jemand in dieser Gegend, in dieser Straße sich mental mit ihnen beschäftigt (hat). Sie suchen nun das auf, was sie wahrnahmen, das Interesse für sie und ihre Lage. Wenn ich gut hinfühle, so merke ich, dass sie zu mir kommen, weil sie vom Tode errettet werden möchten.

All die Wochen habe ich gezögert, mich direkt mit ihnen zu befassen. Einer Freundin sagte ich, dass ich Angst hätte, dass die dann alle hierher kämen. Sie begriff sofort und meinte: „Das verstehe ich, aber das kannste sonst keinem erzählen!"

Nun ist es also so weit, ich habe Massen von BSE-infizierten Rindern unten in meiner Straße. Es sind wirklich infizierte, aber auch solche dabei, die vom Menschen als infiziert verdächtigt werden.

Fast möchte ich sagen, dass ich froh bin, dass die Rinder weiterlaufen, also nicht vor meiner Haustür halt machen. (Wegen der Nachbarn.) Sie schauen auch nicht hoch zu meinem Fenster, das ist nicht ihre Art, und deshalb tun sie es auch hier nicht.

Als ich nun „in echt" aus dem Fenster runter auf die Straße gucke, sehe ich lediglich Autorücken langsam vorbeiziehen. Und doch sind sie da, die unzähligen BSE-Rinder. Als Gruppenseele. Diejenigen, die den Zug anführten, haben jetzt am Ende der Straße gemerkt, dass sie sozusagen den Faden verloren haben, dass sie nicht mehr wissen, wo's langgeht.

Offenbar verdünnt, verflüchtigt meine mentale Ausstrahlung sich dort, sodass sie nun irritiert umkehren und die Spur wieder aufnehmen wollen, dabei prallen sie mit den Nachdrängenden, ihnen also Entgegenkommenden zusammen. Es gibt eine Konfusion.. Ich muss reagieren, sage schnell, auf dem Museumsplein, fünf Minuten von hier, sei sehr viel Platz, Platz für alle. Sie möchten sich dort hinbewegen, dort werde ich ihre Botschaft entgegennehmen und zu ihnen sprechen. Das geschieht nun augenblicklich.

Eigentlich sollten dort Vertreter der Politik, der landwirtschaftlichen Betriebe, der Tierärzte, der Kirchen anwesend sein, aber tatsächlich bin ich fast allein hier als menschliche Seele. Nun gesellen sich andere von meiner Art zu mir, solche, die genauso entsetzt sind über die Entwicklungen in der Fleischindustrie. Ein treues Klübchen von Artgenossen. Nicht sehr kämpferisch, eher verhalten und entsetzlich bedrückt. So stehen wir beieinander und stehen einander bei.

Ich habe noch nie eine Rinderversammlung geleitet, kann nur meinen Wahrnehmungen von Minute zu Minute folgen. Fühle Schmerz (der Tiere) in der Region des Gesichtes zwischen den Augen und der Nase, nun auch innerhalb des Kopfes von Schläfe zu Schläfe.

Was habe ich eine ohnmächtige kleine Frau diesen Wesen zu sagen? Es stand doch eh alles fest, sie wurden gezüchtet, um tot den Menschen als Speise auf dem Teller zu liegen.

Die Krankheit, die nun ausgebrochen ist, verhindert nicht das Getötetwerden, das wird dadurch nur vorgezogen, beschleunigt, aber sie verhindert, dass die toten Tiere gegessen werden. Mir bricht Schweiß aus, gleichzeitig atme ich ein wenig erleichtert auf.

Sollte dies der Schlüssel zu dem Mysterium BSE sein?

Ich richte die Frage in Richtung Rinder, die alle mit gesenkten Häuptern vor mir stehen. Sie sehen mich nicht direkt an mit ihren schönen Augen. Ich fühle ihre Demut, ihre Sympathie für unser Grüppchen, und stelle die Frage: „Warum?" Einstimmig in einem Singsang, doch deutlich zu vernehmen ist die Antwort:

„Wir wissen, wozu wir gezüchtet sind, wir wissen, was kommt, wenn die Aufzucht beendet ist, wir übernehmen die Verantwortung dafür, diese Existenz gewählt zu haben, wir sind dem Menschen nicht gleich in der Erscheinungsform, doch wohl in den Trieben, wir und Mensch streben nach dem gleichen HUNGERSTILLEN. Das ist Urinstinkt – Urbedürfnis – Urkraft – dafür tut ihr alles und wir auch. Nur im Laufe der Evolution ist es nicht mehr nötig, Hunger zu stillen mit Fleisch. Es gibt mehr als genug Pflanzen, die dafür bestimmt sind.

Wir haben/ihr habt den Zeitpunkt verpasst, wir haben/ihr habt den richtigen Zeitpunkt verpasst, um auszusteigen aus dem Kreislauf." Sie fahren fort: „Das folgende Zeitalter wird eines sein ohne Fleischverzehr. Wir und unsere Freunde, die Schweine, sind die Ersten, die aus der Produktion, aus dem Kreislauf aussteigen. Andere (Tiere) werden folgen. Dies ist erst der Anfang.

Indem wir als Nahrung wegfallen, wird der Mensch zurückgreifen auf Pflanzennahrung und … sie wird ihm schmecken. Er wird merken, dass sie ihm gut bekommt. Er wird sich davon leichter, lichter, fröhlicher und weniger schuldig fühlen, ob er es merkt oder nicht. Bei jedem Stück Rippe, Schenkel, Herz von uns, das er isst, fühlt er eben doch, fühlt er sehr wohl, dass es nicht (sein) Recht ist, das zu tun. Fleisch essen ist überholt, es ist nicht mehr zeitgemäß.

Er, der Mensch, muss sich nichts mehr zu eigen machen von uns, wenn er eintreten will in das neue Zeitalter, das immer schon anwesend war und sein wird. Es braucht keine Blut- und Fleischopfer mehr. Unsere Anzahl kann gewaltig schrumpfen, und gerade dadurch wird die Essenz von uns allen in wenigen von uns beherbergt und weitergegeben werden. Dadurch können wir alle Individuen werden.

Wir alle werden in den wenigen Exemplaren von uns vergegenwärtigt sein. Wir werden nicht mehr zum Schlachten, sondern zum Leben geboren. Wir werden normale Leben führen, unangebunden, freilebend, respektiert …"

Ich frage: „Etwa wie die heiligen Kühe in Indien?"

„Im Prinzip ja, nur anders. Alles Maßlose und Uferlose wird in gesunde Grenzen kommen, wenn Mensch und Tier einander als Geschöpfe begreifen und ehren. Die Menschen werden weniger krank sein, jedenfalls werden die Krankheiten verschwinden, die mit der Unverträglichkeit zwischen den Körpern zu tun hat. Wenn ein Menschenkörper Tierfleisch zu sich nimmt, hat das bestimmte chemische Reaktionen zur Folge. Der Mensch wird anders, als er ist und sein sollte, er entfernt sich von seiner

Bestimmung. In früheren Jahren war das anders. Da passte Blut zu Blut, Fleisch zu Fleisch, da war der Mensch wild und wir waren es auch.

Wenn der Mensch uns zu sich nimmt, dann nimmt er gleichzeitig einen Teil von unserem So-sein, von unserem Wesen, von unserer Seele auf. Was glaubt ihr, warum ihr so viel Albträume habt, so häufige Schlafstörungen, schleichende und offene entzündliche Prozesse im Körper, vor denen Arzt und Patient machtlos sind? Ihr habt keine Ahnung davon, wie viele Menschenkrankheiten verursacht werden durch den ‚Genuss' unseres Fleisches, da aus Zuchtgründen ungesunde Stoffe in uns hineingebracht werden, und da wir unter grausamen Umständen zu Tode kommen. Mit unserem Fleische verzehrt ihr die Adrenaline unseres Todeskampfes.

Wenn wir oder unsere Freunde, die Schafe, vor Jahrhunderten und Jahrtausenden rituell geopfert wurden, so war das etwas anderes. Wir waren einverstanden mit dem Vorgang des Getötet- und Verzehrtwerdens als eine heilige Handlung. Wir, die wir damals geopfert wurden, waren in Einklang, in voller Übereinstimmung damit. Doch heute ist auch das rituelle Schlachten und Essen nicht (mehr) nötig. Ihr/wir können mental kommunizieren, wir brauchen uns nicht (mehr) im Fleische zu vereinen als dasselbe Fleisch …

Einige von euch werden sagen, dass ein Beweis für die Notwendigkeit, Fleisch zu essen, ist, dass bei einem Vegetarier die lebendigen Samenfäden im Sperma weniger werden. Nun gut. Der Schöpfungsauftrag ‚wachset und mehret euch' ist übererfüllt. So, wie der Mensch uns überproduziert hat, so hat er auch seine eigene Nachkommenschaft überproduziert.

Das ist nicht gesund. Das ist nicht heilsam. Das ist nicht zuträglich für euren/unseren Planeten. Mäßigung ist das Wort, willige Beschränkung. Ihr erschlagt, ihr erstickt die Erde mit merkwürdigen Ideen, Plänen, Wünschen und mit merkwürdigen Gegenständen.

Ihr wollt die Eigenschaften haben, die ihr/wir früher nur dem Höheren oder Allerhöchsten zuschrieben: Allwissenheit, Allgegenwärtigkeit, Allmacht.

Ihr versucht, Allwissenheit zu erlangen durch Wissenschaft, durch Computer. Ihr wollt alles Wissen der ganzen Welt in einem einzigen Computerchip einspeichern und den euch einpflanzen. Die Stecker, Ringe und

Haken, die ihr euch zurzeit in die Haut pflanzen lasst, senken eure Hemmschwelle, in eure Körper etwas einpflanzen zu lassen, auf ein Minimum.

Allgegenwärtigkeit wollt ihr erlangen durch Flugzeuge, Telefone, E-Mails, ‚Wanzen' und Beobachtungskameras. Ihr beschränkt euch dabei nicht auf euren Planeten, ihr wollt auch im Weltenraum allgegenwärtig sein durch Raketen und Satelliten.

Allmacht möchtet ihr erlangen durch eure Waffenindustrien, Wissenschaften und Forschungen. Ich sage euch, ihr seid auf dem falschen Weg. Eure Art, Allwissenheit, Allgegenwärtigkeit und Allmacht erlangen zu wollen, ist ein Irrweg. Ihr verstrickt euch mehr und mehr. Ihr denkt, es seien eure Erfolge, euer Sieg, euer Triumph. Ihr Armen!

Warum lasst ihr Atome nicht heil, so wie sie geschaffen sind und sein müssen? Warum spaltet ihr Gene und deklariert das als Fortschritt? Ihr gebt vor, damit Krankheiten bekämpfen, ja ausrotten zu können. Warum lasst ihr nicht krank sein, was krank ist? Dann kann es sich besinnen und umkehren auf den Weg der Wahrheit.

Ihr gebt vor, kinderlosen Ehepaaren zu Kindern verhelfen zu wollen, weil diese die Kinder lieben würden. Angenommen, acht Embryonen werden außerhalb einer Gebärmutter gezüchtet, drei davon werden ausgewählt, einer Frau eingepflanzt und beobachtet, welcher sich am besten entwickelt. Die zwei ‚weniger guten' werden abgesaugt, die übrigen fünf gezüchteten eingefroren, vernichtet oder einer anderen Frau eingepflanzt. Wir fragen euch:

Wo ist hier Liebe, wo ist hier Elternliebe zu finden? Wo kommt sie hier vor? Ihr wollt Alterskrankheiten ausmerzen. Einerseits wollt ihr das Leben von Menschen maßlos verlängern, auf der anderen Seite übt ihr Euthanasie aus, wenn euch das menschliche Leben ‚zu lange dauert' und ‚zu teuer wird'.

Ich sage euch, ihr werdet Krankheiten kennenlernen, neue Krankheiten, von denen ihr bisher keine Ahnung hattet. Eine jede Krankheit passt zu ihrer Epoche. Jede Krankheit entsteht aus dem Zeit-Geist. Auch Krankheiten haben/sind ein Geist. Dadurch, dass ihr eine neue Geisteshaltung entwickelt (habt), eine, die noch mehr und noch mehr will, werden logischerweise auch neue Krankheiten geboren, die genau der Spiegel sind von Allwissenheits-, Allgegenwärtigkeits- und Allmachtsdrang(-wahn).

Wir, die BSE-Rinder, sind (nur) Vorboten (gewesen). Ihr selber nennt unsere Krankheit – die genauso die eure ist, denn es gibt keine Trennungen (mehr) – Rinderwahn.

Wir gehen euch voraus, um Zeichen zu setzen, Signale auszusenden. Identifiziert die Symptome unserer Krankheit, dann werdet ihr verstehen, worum es geht. Es ist Unsinn zu sagen, die Tiere schlagen zurück. Wir schlagen nicht zurück. Wieso auch? Dazu haben wir keinen Grund. In Kooperation mit euch haben wir diesen Weg gewählt. Da lag die Ursache –und in der Folge sind wir nun krank geworden. Einige nennen es Karma. Es ist die Verbindung von Ursache und Konsequenz. So simpel ist das.

Die Krankheit unserer Freunde, der Schweine, heißt Maul- und Klauenseuche. Denkt nach über die Erscheinungsform, was sie tut, was sie bewirkt, was sie sagen will. Erkennt den Geist, der dahintersteht, der diese Krankheit als Epidemie nun und gerade jetzt ausbrechen lässt und ausbrechen lassen muss.

Ihr könnt dahinterkommen. Ihr könnt hinter alles kommen. Ihr könnt nicht mehr gleichgültig oder gleichmütig sein. Ihr könnt auch nicht mehr wegsehen oder neutral sein. Es ist nun der Moment, Stellung zu beziehen. Die Menschheit wird sich in zwei Seiten teilen; die eine wird dem Allmachtsdrang folgen. Die andere wird sich davon distanzieren. Die eine Seite will Allmacht gewinnen durch Macht über die Materie. Die andere wird sich von dieser Methode distanzieren, sie ist auf dem Wege zu Allmacht über die Macht der Liebe.

Das Ziel ist dasselbe. Der Weg unterscheidet sich fundamental. Allgegenwart, Allwissenheit, Allmacht können auf unsichtbare Weise gefördert und letztlich erworben werden, mit, in und durch Liebe.

Es ist deshalb eine Frage der Geisteshaltung, welchen Weg du einschlägst, welchen Weg du wählst. Bisher brauchtest du nicht wirklich Stellung zu nehmen, es lief alles, wie es nun einmal lief. Nun ist der Moment der Entscheidung gekommen. Nun ist der Moment gekommen, da du am Scheideweg stehst. Begonnen hat es mit der Atomspaltung, fortgesetzt wird es mit Genmanipulation. Und dies ist erst der Anfang.

Du kannst nicht mehr indifferent sein, nicht mehr gleichgültig oder neutral. Du, er, sie, ich, wir alle haben uns zu entscheiden. Nicht stimmen geht nicht, die nicht abgegebene oder ungültige Stimme fällt der Seite zu, welche den wissenschaftlichen Fortschritt ohne Einbeziehung der Liebe betreibt. Liebe ist niemals gleichgültig. Liebe enthält sich nicht der Stimme.

Liebe bezieht Stellung, Liebe äußert sich. Liebe entscheidet sich.

Selbst Menschen, die oberbewusst „keine Ahnung" haben, vor welcher Entscheidung sie stehen, treffen ihre Wahl. Im Unterbewusstsein, im Schlaf. Jeder geht zur Urne. Ich mache nochmals beide Wege deutlich: 1. am Prozess der Eroberung von Macht bis hin zur Allmacht teilnehmen wollen oder: 2. den inneren Weg gehen, einverstanden sein mit den irdischen Gegebenheiten und Gesetzen von Geburt, natürlicher Fortpflanzung und Sterben; mit dem Eingebundensein in Zeit und Raum. Die Evolution braucht Zeit, in der und Raum, in dem sie stattfinden kann. Mentale und spirituelle All-gegenwart, All-wissenheit und All-macht findet statt, wenn und wo Liebe anwesend ist. All-liebe beginnt bei meiner Liebe zu mir und zu dir.

Wir BSE-Rinder und wir MKS-Schweine haben uns bereits entschieden. Wir steigen aus. Wir setzen ein Signal, das gleichzeitig unsere Antwort, unsere Kündigung ist an Gehabtes und Getanes und Gewesenes. Unser gemeinsamer Weg war ein gemeinsamer Irrweg, denn es wurde kein Gramm Liebe entwickelt, weder durch das Mästen unserer noch durch das Mästen eurer Körper. Es liegt an euch, ob ihr unsere Botschaft versteht und wie ihr darauf reagiert. Jetzt liegt es an euch.

Unser Massensterben im Moment ist für uns selber so ganz furchtbar nicht, wären wir doch sowieso früher oder später für eure Pfannen und Kochtöpfe hingerichtet worden (wohlgemerkt, unsere Zustimmung dazu inbegriffen). Der Unterschied ist, dass wir nun nicht mehr verzehrt werden können, dürfen. Der eigentliche, fundamentale Unterschied ist jedoch, dass hiermit eine Spirale unterbrochen wird, die sich sonst immer weitergedreht hätte. Das ist der eigentliche Gewinn. Nun ist es an euch … Wir haben die Verantwortung für uns übernommen, übernehmt ihr die eure."

Während des Gespräches wurden die zahlreichen, zahllosen Rinderkörper auf dem Museumsplein vor dem Rijksmuseum (Museumsplatz vor dem Reichsmuseum) immer durchsichtiger, ätherischer. Eine Weile waren sie noch erkennbar in der Form ihrer Skelette, dann lösten auch die sich auf, um in veränderter (Lebens-)form an einen anderen Ort, das heißt in einem anderen Zustand wiederzuerscheinen.

Schließlich lag der Platz da wie zuvor, eine glatte, grüne Wiese. Wir, das Klübchen von Gleichgesinnten, standen noch dort und wärmten uns aneinander.

Die Zusammenkunft der Tiere

Am 8.7.2001 unserer Zeitrechnung fand eine Zusammenkunft der Tiere statt. Von jeder Gattung war ein Stellvertreter anwesend, auch von den auf diesem Planeten bereits Ausgestorbenen.

Alle, die jemals die Erde bevölkerten und noch bevölkern seit Beginn der Evolution, waren da. Sie lagen, hockten, standen im Halbrund. Damit wollten sie ausdrücken, dass der Kreis nicht geschlossen ist. Sie erörterten verschiedene Themen, kamen aber immer wieder auf eines zurück, auf das Thema Religion und Gott.

Sie erläuterten den Begriff Gott und seine Bedeutung in der Vergangenheit und für die Zukunft. Ihre Ausdrucksweise war so präzise, so umfassend, dass man davon ausgehen kann, dass weitere Bewusstseine sich mit dem ihren verbunden hatten, gleichermaßen zu einem kosmischen Bewusstsein zusammengeflossen waren, um als eine Stimme zu fungieren.

Die Stimme sprach: „Es ist egal, welcher Religion ihr folgt. Betrachtet sie lediglich als ein Boot, welches euch zu dem Ozean der Einsicht bringen soll. Einige von euch folgen der christlichen Idee. Da sie Gott als so unerreichbar, als so fern erlebt haben, fasziniert sie die Idee, dass eben dieser ferne Gott seinen Sohn als Zeichen seiner Liebe auf die Erde gesandt hat, um die Menschheit zu erlösen.

Selbst wenn dieser Christus nicht geschichtlich existiert hätte, so ist doch die Idee genial, göttlich eben. Wenn es ihn, Christus, nicht gegeben hätte, er müsste erfunden werden.

Es ist nicht so, dass wir die christliche Religion favorisieren, weil wir sie hier mehrfach als Beispiel anführen. Wir favorisieren nichts und niemand, außer der Wahrheit. Wir führen sie aus folgendem Grunde als Beispiel an:

Weil innerhalb der einen christlichen Religion verschiedene Seiten von Gott repräsentiert werden.

Im Alten Testament trat Jahwe hervor mit Strenge und Vergeltung – im Neuen Testament verkörpert Christus den Erlöseraspekt. Traten sie gegeneinander an oder ergänzten sie sich oder begegneten sie einander?

Begriffe wie Vergebung, Barmherzigkeit, Gnade wurden durch Christus angeboten. Offenbar ist diese Botschaft bis auf den heutigen Tag nicht richtig durchgedrungen zu den verschreckten, verhärteten und unglücklichen Kindern Gottes. Nach wie vor lebt der größte Teil der Menschheit in und nach alttestamentarischen Kriterien. Der ewige Streit zwischen Härte und Milde, zwischen gnadenloser und gnadenvoller Gerechtigkeit setzt sich fort.

Einige von euch vermuten, dass das Neue Testament in Teilen verfälscht weitergegeben wurde. Das ist richtig. Dies ist der Grund dafür, dass etliche von euch mit der so überlieferten Form ‚nichts anfangen können'. Instinktiv spüren sie, dass hier ‚etwas nicht stimmt'.

Die frohe Botschaft ist nicht mehr froh, die verschiedenen Aspekte Gottes sind vermischt worden. Wenn Christen dann noch erleben, wie die Repräsentanten der christlichen Lehre oft genug eher den alt- als den neutestamentarischen Lehren folgen, gibt es nur eine Lösung für sie, nämlich sich ganz aus der Sache zurückzuziehen. Sie haben umso mehr ‚Grund' dazu, wenn sie in vergangenen Inkarnationen Opfer von kirchlicher Macht und Willkür geworden sind, Opfer von Kreuzzügen oder Hexenverfolgungen etwa.

Sie leben in einem unerträglichen Zwiespalt: Vertreter der Kirche des Erlösers Christus haben ihnen diese Qualen und Schmach angetan in eben SEINEM Namen. Immer dann, wenn ihr Menschen kennenlernt, die mit der Amtskirche absolut nichts zu tun haben wollen, liegt die Vermutung nahe, dass sie Geschädigte der Kirche selber sind.

Ich nenne hier als Beispiel die christliche Religion (wohlgemerkt nicht den Glauben), weil an ihr so deutlich wird, wie die gegenüberliegenden Aspekte Gottes sich manifestieren.

Eines Tages werdet ihr alles durchschauen können, dann werdet ihr selber entscheiden, an welcher Ausprägung (an welchen Eigenschaften) Gottes ihr teilnehmen wollt. Diese Entscheidung wird niemandem abgenommen werden. Sie ist notwendig, egal ob ihr überhaupt an irgendetwas glaubt oder nicht. Sie wird in jeder Sekunde neu getroffen.

Eure Erkenntnis wird sein: Nicht Gott ist gut oder böse, ER ist so gut oder böse, so rachsüchtig oder verzeihend, wie IHR in dem Moment gerade seid.

So ist der Satz zu verstehen: ‚Gott ist so gut, wie dein Herz ist' oder ‚Gott kann nicht besser sein, als deine Hände sind.' Der anklagende Schrei ‚Warum lässt Gott das zu?', relativiert sich total und verkehrt sich in die Frage: ‚Warum nehmen wir daran teil?'

Alles relativiert sich. Auch die Symbole davon, was ihr Teufel und Satan nennt, relativieren sich. Von hier an, und dann ist Satan nicht mehr der Feind von Gott, nicht sein Gegenspieler, der kämpfen will, die Seelen verführen und verderben will.

Nach diesem Modell liegt es ganz an euch, wen und was ihr verwirklichen wollt. Ihr könnt euch identifizieren mit den Boshaftigkeiten des Symbols Teufel, mit der Rache des Gottes Jahwe oder mit der Liebesbotschaft in der Verkörperung des Christus.

Es kann euch helfen, wenn ihr euch immer wieder einen Moment lang besinnt, um zu fragen: ‚Welche Position nehme ich jetzt gerade ein in dieser Angelegenheit?' Ihr werdet merken, dass es nicht nur die gegenüberliegenden Pole sind, sondern eine ganze Skala von der Mitte ausgehend, von neutral zu beiden Seiten hin, zu den am weitesten auseinander liegenden Polen.

Ich sage nicht: Tut dieses und lasst jenes; ich sage nur: Was immer ihr denkt, sagt und tut, seid euch bewusst, dass ihr es tut und warum. Seid euch bewusst, dass ihr damit eine Position bezieht, welche die eine oder die andere Seite vertritt.

Was ich sage, ist nicht süß. Jedenfalls nicht in diesem Stadium. Aber es entlässt euch in die Freiheit. Es führt euch an – in die Wahrheit. Später werdet ihr die Süße meiner Lehre wahrnehmen.

Viele von euch haben in ihrer Verzweiflung seit Jahrtausenden Hilfe in Nöten und bei Krankheiten gesucht. Sie haben Diener oder Herren der Kirchen, Heiler, Magier und Hellseher aufgesucht. Sie suchen Hilfe für den sichtbaren Körper, aber auch für den unsichtbaren Geist.

Sie möchten Heilung und Wahrheit. Um diese zu erlangen, haben sie nichts unversucht gelassen. Dafür haben sie sich allen möglichen Prozeduren unterzogen.

Selbst wenn ihr glaubt, ihr hättet die Wahrheit, so kann es doch sein, dass diese nicht oder nur zum Teil wahr ist. In euren Heilungsritualen und Einweihungen kann es Formeln, Mantras, Wörter, Zeichen, Symbole, Anwendungen, Handlungen geben, die von Urzeiten her manipuliert sind, kodiert, versehen mit geheimen Bedeutungen und Absichten. Es kann sein, dass jemand sie in gutem Glauben anwendet – und damit gleichzeitig eine verborgene ungute Absicht weitergibt. Sie sind durchaus wirkungsvoll, kräftig, erwecken Erstaunen, doch sind die ‚Heilerfolge' manipuliert, sind nicht wahrhaftig, denn sie stehen nicht in Verbindung mit der Wahrheit. In diesen Fällen würde es sich um eine Schein-Heilung handeln. Immer, wenn Magie angewendet wird, ist etwas nicht ‚in Ordnung', denn Magie will immer etwas, entweder Heilung oder Verderb. Sie stellt sich nicht in kosmischen Zusammenhang.

Wozu braucht ihr Rituale? Denkt, fühlt, handelt direkt. Bezieht euch real und mental auf euer Ziel. Nicht wenige Menschen haben sich einweihen lassen. Glaubt mir, nur ihr selber könnt euch einweihen.

Ihr müsst die Einweihung nicht als einmaligen Akt ansehen, sondern als einen, den ihr selber unaufhörlich an euch vollzieht. Ihr müsst das Recht einzuweihen nicht auf andere Menschen übertragen. Ihr selber seid die Einzuweihenden, die Einweihenden und die Eingeweihten. Ihr seid Erlöser oder Verdammer, was ihr wollt.

Wenn ihr jemand anderen segnet, so kommt dieser Segen zu euch zurück, denn er ist ja von euch. Wenn ihr jemand anderen verdammt, so kommt diese Verdammung zu euch zurück, denn sie ist ja von euch. Es gilt die einfache Formel: Was immer du tust, du tust es dir selber, wem immer du begegnest, du begegnest dir selber. Jeder Einzelne bestimmt Heil oder Unheil.

Unheil im physischen Körper wird erzeugt durch Schlagen, Quälen, im Seelenkörper durch Beleidigen, Kränken, im Geistkörper durch Verurteilen, Verdammen.

Heil im physischen Körper wird erzeugt durch Streicheln, Pflegen, im Seelenkörper durch Ermutigen, Loben, Anerkennen, im Geistkörper durch Segnen.

Noch etwas gilt es mitzuteilen: Das Schuldgefühl ist das größte Hemmnis, gesund zu werden, in das Heil einzutreten. Ein Mensch kann tun, was er will, sich medizinischen Behandlungen unterziehen, sich operieren lassen, fasten, beten, meditieren, büßen, Affirmationen aussprechen, Therapien machen noch und noch ... Es nutzt ihm nicht wirklich und nicht dauerhaft zu seiner Genesung, wenn, ja, wenn er davon überzeugt ist, dass er Gesundheit – und damit im weiteren Sinne Glück und Wohlbefinden – nicht verdient. Wenn er also – aus welchen Gründen auch immer – ein unerkanntes bzw. unerlöstes Schuldgefühl in sich trägt, aufgrund dessen er nicht gesunden kann, ja, nicht gesunden darf, denn er hat ja – seiner Meinung nach – nichts Gutes verdient.

Dann wird er wohl nach unzähligen Inkarnationen zu dem Schluss kommen: ‚Gott hat mich verlassen, Gott ist gegen mich.' Er kann sich dann aus lauter Enttäuschung und Verzweiflung der anderen Seite zuwenden. In Wirklichkeit hat nicht Gott ihn verlassen, sondern er sich selber, indem er sich keine Heilung gönnte.

Etwas zur gegenwärtigen Situation eures Planeten: Es geschehen Natur- und andere Katastrophen, aber ergeht euch nicht in Katastrophenängsten. Macht euch nicht nervös und unglücklich. Lebt jeden Tag und jede Nacht. Vermeidet Hast, Eile und Unruhe. Beschleunigt nichts, sondern verlangsamt möglichst euer Tempo. Unrast ist ein Merkmal der unerlösten Seite. Sucht Geruhsamkeit auf. Übt euch in Geruhsamkeit. Sucht Genuss im Natürlichen. Bündelt eure Gedanken, Wünsche, Taten und Ideen zu einer Kraft. Entsagt bewusst dem Wettbewerb.

Es gibt irdische Merkmale, nach denen die Menschen einander messen und beurteilen. Auch irdische Firmenmarken benutzt ihr hierzu. Wenn ihr eure Bewertungsmaßstäbe nun auch noch in die spirituelle Welt verlagert, dann können wir in der Übertragung sagen, dass der Erzengel Michael einem Mercedes entspricht. Ein Seraphim wäre dann der Rolls-Royce unter den Engeln.

Aber: Unter-, Ober-, Hilfsengel, Erzengel und Seraphim – alle sind dasselbe; eins und einig. In den unsichtbaren Welten (die unsichtbar gar nicht sind) haben wir den Wettbewerb und Ränge hinter uns gelassen. Hier gibt es nur zwei Richtungen: die eine, die alle Wesen umfasst, die guten Willens sind, und die andere Gruppe, die das Gegenteil verkörpert. Individualismus hat aufgehört, Individuen haben sich vereinigt zu einer Kraft, zu einer Form.

Ihr macht euch große Sorgen um die Zukunft. Allerlei Gerüchte schwirren durch das Weltall. Viele von euch denken, dass die Erde in etwa einem Jahrzehnt fundamentale Veränderungen durchmachen wird. Sie denken, dieser Planet würde weitgehend vernichtet, sodass physisches Überleben nicht möglich wäre. Sie denken ferner, dass dann Raumschiffe kämen, um sie zu einem anderen Planeten zu bringen, wo sie als auserwählte Gruppe überleben würden.

Seid vorsichtig mit euren Gedanken und Ideen. Prüft euer Inneres liebevoll, ob ihr nicht (wieder mal) Opfer eurer eigenen Wünsche, 'wir, einige wenige Auserwählte'-Ideologie werdet. Das Minderwertigkeitsgefühl verkehrt sich in das Auserwähltensyndrom.

Allein der Gedanke, ich bin auserwählt, mein unliebsamer Nachbar bestimmt nicht, erzeugt böses Blut. Ein Geist erhebt sich wieder über den anderen, bewertet, urteilt, selektiert.

Was macht ihr euch eigentlich Gedanken über Evakuierungen und wer evtl. mitdarf und wer wahrscheinlich 'hierbleiben' muss und untergeht. (Die arme Socke!)

Der Allerhöchste hat jeden lieb, hat jeden auserwählt. Es mag ja sein, dass es Ufos gibt. Es mag auch sein, dass höhere Intelligenzen an Seinem Heilsplan mitarbeiten. Er könnte sich sogar der Raumschiffe bedienen, wenn Er das wollte. Nötig hat er das nicht. Auch ihr habt die Gedanken an eine Evakuierung existenziell nicht nötig. Existenz ist immer anwesend. Macht euch also nicht darum Gedanken, sondern um die Gegenwart, auf welche Weise ihr das Leben auf dieser Erde lebbar(er) machen wollt. Umdenken, umhandeln auf breitester Ebene ist vonnöten.

Übt die Liebe und übt sie aus. Seid ganz einfach lieb zu euch selber (soweit ihr das ertragen könnt) und seid lieb zu eurem 'unliebsamen' Nachbarn (soweit der das aushalten kann).

Nun bin ich mit meinen Empfehlungen doch noch parteiisch geworden. Sicher deshalb, weil ich und die mir Gleichgesinnten uns für diesen Zweig entschieden haben. Dann möchte ich natürlich möglichst viele Euchs bei mir haben. Das darf ich auch wünschen.

Das ist legitim, solange ich euch nicht besserwisserisch und diktatorisch mit meinem Gedankengut beeinflussen will. Beeinflussung ist schon wieder der Beginn von Unheil, nimmt schon wieder in Anspruch, der, das Bessere zu sein und den Rest der Welt mitziehen zu wollen – in das Raumschiff ... oder eben nicht in das Raumschiff, oder aber ihn seinem dreckigen Schicksal zu überlassen.

Hat's ja nicht anders verdient, hat's ja nicht anders gewollt. Pech gehabt!

Bewertungen wie gut und schlecht, verschiedene Weltanschauungen, Religionen, politische Systeme, Rassen, Namen, Marken, Ränge haben durchaus ihre Berechtigung und Bedeutung im ganzen Ablauf.

Wenn wir so wollen, sind sie eine Zeit lang bedeutungsvoll. Wenn die Evolution fortgeschritten ist, werden Abgrenzungen und Unterschiede bedeutungslos.

Also, ich möchte mich an dieser Stelle korrigieren: Ich distanziere mich von meinen tendenziösen Mitteilungen, wandle sie um in neutrale und übergebe hiermit alles euch zur Begutachtung und zur weiteren Verfügung.

In eure Hände gebe ich die Verantwortung, wie ihr mit dem soeben Gehörten und Gelesenen umgeht. Zu welchem Zwecke ihr es verwendet und auf welche Weise. Wir sehen uns."

Das Wunder

In jener Zeit zog Jesus mit seinen Jüngern durch die Lande und heilte viele Menschen. Eine Frau hatte gelähmte Beine, sie wurde nicht geheilt. Später saß sie vor ihrem Hause, machte eine Handarbeit, sang und lächelte jeden Vorübergehenden an. Einer kannte ihre Geschichte und fragt sie: „Wieso bist du so freundlich?" Sie antwortete: „Der Herr hat ein Wunder an mir getan, weil er mich so gelassen hat. Hätte er meine Beine geheilt, so wäre es ein Leichtes für mich, freundlich zu sein und zu singen. So aber muss ich jeden Tag aufs Neue meine Freundlichkeit unter Beweis stellen. Darum ist es ein Wunder, dass der Herr mich so ließ, wie ich war."

Nachwort

Immer wieder fragen Klienten mich: „Warum ‚können' Sie das, warum kann ich das nicht?"

1. Dieses Leben war mir offenbar bestimmt, um auf der mentalen Ebene mit Menschen, Tieren und anderen Wesen zu kommunizieren. Andere Leben hatten andere Bestimmungen. Zum Beispiel war ich in meinem letzten Leben Bäcker, und ich kann sagen, ich erinnere mich an Zeiten in meiner Backstube, da war ich weit glücklicher und zufriedener als in diesem Leben. Dann brach der Zweite Weltkrieg aus und beendete jäh die Idylle. (Der Krieg brach aus bedeutet, dass etwas ausbrach, das vorher schon da war.)

2. Jeder ist hellsichtig/wissend/fühlend bis etwa zum zweiten Lebensjahr. Durch die Anforderungen der Realität, durch das Getriebe des Erdenlebens, durch Konditionierung durch die Erwachsenenwelt gibt das Kind seine Fähigkeiten auf. Es verliert sie nicht für immer – nichts geht je verloren. Sie werden dann wieder zutage treten, wenn die Umstände dafür geschaffen werden.

Die Chakren sind die Sinneswerkzeuge der Seele, durch sie fließen die paranormalen Informationen hindurch. Ab dem dritten Lebensjahr verdunkeln, verdüstern, verschleiern sie sich für gewöhnlich, sie ziehen sich auch zusammen. Informationen aus der spirituellen Welt an das Kind einerseits und aus der Seele des Kindes an die unsichtbaren Welten andererseits werden gestört. Sie verwirren oder verirren sich, bleiben irgendwo hängen, vernetzen sich auf falsche Art und Weise, denn der Durchfluss ist blockiert.

Bei manchen Menschen tritt nach einem Schock, einem Nahtoderlebnis oder ganz einfach in zunehmendem Alter oder wenn die Person zu sich selbst gefunden hat, Hellsichtigkeit (wieder) auf. Dann ist der Kanal wieder frei geworden.

Offenbar waren bei mir vom 36. Lebensjahr an (auch dank der Atemtherapie) die Chakren so weit wiederhergestellt, dass sie erneut zum Arbeiten, zum Leben kamen, sodass sich Bilder, Visionen, Wahrnehmungen nun auch im Oberbewusstsein zeigen und verknüpft werden konnten.

3. Interessierte Menschen sollten nicht fragen: „Wieso können Sie das und ich nicht?", sondern: „Was haben Sie dafür getan, welchen Einsatz haben Sie geleistet und was wäre ich bereit, dafür zu tun?" Das würde mir die Gelegenheit geben zu antworten, dass ich über viele Jahre hinweg zunächst regelmäßig und bis heute unregelmäßig „in Therapie" gehe, wobei ich die Atemtherapie am meisten schätze.

Mit Atemtherapie meine ich nicht Atemübungen. Ich atme über einen längeren Zeitraum, während die Therapeutin „nur" neben mir sitzt und mich gelegentlich ermutigt weiterzugehen und alles zuzulassen, was ich denke, fühle, wahrnehme, erinnere.

Für mich führt diese Methode zur Wahrheit. Sie benutzt keine Suggestionen, es gibt keine Fremdeinflüsse, sie will nichts selber außer dem, was ist. Sie lässt mir die Verantwortung für mich selber und den Prozess (ich entscheide, wie tief, wie lange ich auf diese Weise atmen will und kann). Die Atemtherapie, wie ich sie verstehe, bezieht alle Körper mit ein. Der materielle Körper wird mit viel, viel Sauerstoff versorgt. Für gewöhnlich atmen wir im Alltagsleben flach. Hier nun wird eine innerliche Sauerstoffdusche in Gang gesetzt, die Organe werden besser durchblutet, durchströmt und die Schlacken weggeschwemmt.

Wenn ein Mensch lange Zeit in Angst lebt, wenn er Schmerzen hat, wenn er chronisch wütend ist, so vermindert er automatisch seine Sauerstoffzufuhr, er atmet flach und flacher. Wenn diese Zustände lange andauern, tritt in bestimmten Regionen des Körpers Sauerstoffmangel auf. Und dies passiert genau in den Regionen und Organen, in denen ein Problem „sitzt" bzw. wohin es gewandert ist. Wenn wir die Sache nicht beizeiten erkennen, wenn wir wichtige Dinge und Warnzeichen übersehen, werden wir möglicherweise an diesen von Sauerstoffmangel betroffenen Organen erkranken. Dies gilt für Mensch und Tier gleichermaßen.

Auch Erkrankungen und Verletzungen aus früheren Leben können eine Rolle spielen, wenn sie noch im Seelenkörper anwesend sind. Auch sie wollen erinnert, verstanden und aufgelöst werden.

Zwei Zustände gibt es, die den Atemfluss anregen: Freude und Liebe. Eigentlich sind beide der gleiche Seinszustand. Natürlich kann man durch Sport und bestimmte Atemübungen den Sauerstoffhaushalt willentlich anregen und korrigieren – es ist auch gut, das zu tun, nur bezieht sich dieses Tun auf das Körperliche, während bei der Atemtherapie verborgene Erinnerungen wach werden. Emotionen, Bilder, Gefühle, die alle Leben und Bereiche betreffen, kommen an die Oberfläche, werden wiederbelebt, begriffen und integriert. Durch Atmen kommen wir unweigerlich zu alten Schmerzen und Verwundungen, dringen vor zu Trauma und Karma bis in die Auflösung durch das Ein- und Ausatmen. Dies ist meines Erachtens neben gesunder Ernährung und Lebensführung ein wichtiger Faktor in der Krankheitsvorbeugung.

Der Krebs zeigt deutlich Folgen von chronischem Sauerstoffmangel an: Im Vorstadium sind die Zellen sauerstoffunterversorgt, später schrumpfen sie, um dann zu explodieren; der Tumor ist entstanden. Dieses Geschehen können wir mit einem Wassertümpel vergleichen: Wenn Wasser steht, bildet sich Fäulnis, wenn Wasser fließt, ist es sauerstoffreich und viel Leben befindet sich darin.

Hellsehen und -fühlen begann bei mir chaotisch, beängstigend, ja bedrohlich. Es dauerte noch fast 20 Jahre, bis ich mit den Visionen, Eingebungen und Gesichten im wahrsten Sinne des Wortes gut umgehen konnte. Mühe, Kämpfe, Verzweiflung und Einsamkeit waren meine Begleiter.

Um „die Gabe" richtig einzusetzen, wollte noch ein ganzes Bündel von Qualitäten entwickelt werden, die „man" zunächst gar nicht mit dem Hellsehen in Verbindung bringt: Disziplin und Standfestigkeit im irdischen Dasein, der sichtbaren Realität den Vorrang geben vor der unsichtbaren Welt (denn hierin manifestiert die sich doch gerade), Korrektheit in und während der Arbeit, eigene Interessen beiseite lassen, nur auf Anfrage tätig werden, reden und besonders schweigen im richtigen Moment.

Auch im Gesellschaftlichen muss alles in Ordnung sein: Die Erlaubnis zur Ausübung der Tätigkeit, die Anmeldung beim Finanzamt sind vonnöten.

Es ist sicher selten so, dass einige Seminare zur Ausübung der medialen Beratung befähigen und befugen. Alles geschieht in Stufen, und wenn ich mit Kindern, Schwiegereltern, Nachbarn und wem sonst in Fehde liege, dann hat zunächst dieses Problem Vorrang. Es will zuerst gesehen und behandelt werden.

Wenn ich sehr darunter leide, dass ich meine Ideen- und Erlebniswelt nicht mit meinen Angehörigen und Freunden teilen kann, wenn es mir unmöglich ist, über Eingebungen und Gesichte zu schweigen, wenn ich sage, „ich melde mich bei dir", es aber nicht tue, wenn ich meinen Müll (real und symbolisch) einfach irgendwo hinterlasse, wenn meine Marmelade im Glas langsam vor sich hinschimmelt und ich merke das nicht, dann, ja dann ist für mich die Zeit für eine mediale Tätigkeit noch nicht reif.

Hier nochmals die „Gegenfrage": Was sind Sie bereit zu tun, um die Gabe wiederzuentdecken?

Sind Sie bereit, in Selbstrespekt und Selbstliebe den Weg zurückzugehen durch Trauma und Karma hindurch, mit allen dazugehörigen Schmerzen und Ängsten? Sind Sie bereit, auch „die andere Seite" von sich, Ihren Schatten, nämlich Wut, Zorn, Hass Intoleranz, Destruktion als Aspekte Ihrer Persönlichkeit liebevoll zu umarmen und damit zu integrieren?

(Auf dem Weg durch die Vergangenheit muss nicht jede Inkarnation bis ins Detail erinnert werden; wenn der rote Faden gefunden und die emotionale Ladung entladen ist, kann Integration stattfinden, das heißt, dann muss die Ladung von damals die Gegenwart von jetzt nicht mehr bestimmen.)

Sie hatten die Gabe und Sie haben sie. Wenn Ihre Chakren sich regeneriert haben, dann können sie von selber wieder fließen und erneut blühen.

Auf Ihrem Weg wünsche ich Ihnen Glück und Segen.

Zeitfracht Medien GmbH
Ferdinand-Jühlke-Straße 7
99095 Erfurt, Deutschland
produktsicherheit@kolibri360.de